现代物流案例与实践

主　编　刘　兆
副主编　史晓原
顾　问　郜振廷

北京理工大学出版社
BEIJING INSTITUTE OF TECHNOLOGY PRESS

图书在版编目(CIP)数据

现代物流案例与实践 / 刘兆主编. —北京：北京理工大学出版社，2011.5（2013.6重印）

ISBN 978-7-5640-4446-6

Ⅰ. ①现… Ⅱ. ①刘… Ⅲ. ①物流－案例－汇编 Ⅳ.①F252

中国版本图书馆CIP数据核字（2011）第070078号

出版发行 / 北京理工大学出版社
社 址 / 北京市海淀区中关村南大街5号
邮 编 / 100081
电 话 / (010)68914775(总编室) 68944990(批销中心) 68911084(读者服务部)
网 址 / http://www.bitpress.com.cn
经 销 / 全国各地新华书店
印 刷 / 天津紫阳印刷有限公司
开 本 / 710毫米 × 1000毫米 1/16
印 张 / 12.5
字 数 / 232千字
版 次 / 2011年5月第1版 2013年6月第3次印刷
印 数 / 4001~6000册
定 价 / 25.80元

责任编辑 / 王玲玲
责任校对 / 周瑞红
责任印制 / 边心超

著编特点与说明

《现代物流案例与实践》是《现代物流管理》《物流概论》《国际物流》《供应链管理》《运输管理》《配送与仓储管理》等物流管理类教材的配套教材，也可作为物流管理专业的一门必修课的教材，适合于物流管理、国际贸易专业教学使用。

本教材资料共编著、收集各类经典物流案例82个（其中实例32个，“悬案”50个），归纳为15章。既有综合型案（实）例，又有专业型案（实）例；既有问题导向型——“悬案”案例，又有经验导向型——实例，以“悬案”型案例、专业型案例为主。然而，适合教学与研究的真正的案例是什么？是只有背景材料和蛛丝马迹介绍、尚未水落石出的“悬案”。实例作为“接口”，重在提高学生感性知识和加深对理论的理解。问题导向型案例——“悬案”才是教学研究的重点，也更贴近企业现实。这些案例对学生们发现问题、分析问题、讨论问题和解决问题的专业能力和综合职业能力潜移默化的训练与提高，必将起到良好作用。这也是本教材资料的突出特点和创新点之一。

同时，本教材的案例充分考虑了教学课时量的限制和学生接受能力的水平，经过认真编选加工，力求“精要”，既保留了教学目的所要求的主要内容，又省去了许多烦琐多余的表述。

再者，在每一个案例之后，都有简要提示，但不作过多的评述。这样，一方面，老师可以对有关基本理论进行少而精和有的放矢的讲释；另一方面，既有利于帮助同学找到案例讨论的切入点和启发思路，又有利于同学们分析讨论时，自主研讨、不受桎梏，拓开思维、理论联系实际、有所创建，便于教师引导和促进学生积极地去发现问题、分析问题与解决问题。

参与编著的老师有：郜振廷教授（第十二章实例3），唐振龙副教授（第五章实例2），张旭讲师（第十五章实例1，案例1），马翊华讲师（第八章实例1），龙凤祥副教授（第十二章实例1），副主编史晓原讲师（第四章实例2，案例3，第五章案例4，第七章案例3，第十章案例3、实例3，第十四章实例1），董茜茜讲师（第十三章实例1），张雪青讲师（第八章实例2）。其余的均由刘兆教授编著，并进行修改和总纂。郜振廷教授任顾问。

代前言
管理案例教学法的设计与实践

管理类学科具有很强的综合性、随机性、实践性和权变性。高等管理教育的目标是培养企业及各类组织中的高、中、基层管理人员或业务人员，使之在复杂的环境中，开创事业，独当一面。因此，除了学习系统的理论知识以外，关键是把系统的理论和复杂的“灰色”现实密切结合起来，从而提高对复杂问题的分析能力和决策能力，以及一定的专业技术能力。管理类学科的特点和教育目标决定了案例分析教学在管理科学中的特殊地位。案例教学是改革传统教学中忽视学生能力培养的一种最有效的途径，是人才培养和教学改革中的一项重要举措。

一、管理案例的内涵

管理案例通常是从决策者或当事人的角度，对组织中的管理决策类问题的特定情境进行客观描述。根据这个定义，案例与教学中经常说的“例子”“范例”或“举例”是有明显区别的。

（一）案例的特点

案例有三个基本特点：

1. 真实性

案例的根本来源是工商企业、政府部门或其他各类组织中实际存在的问题。案例涉及的人、事、物、组织、环境等必须真实客观，不像“例子”那样可以虚构。只有这样，案例才有实际意义，学生才有身临其境之感。

2. 悬案性

案例必须有尚未解决的问题。案例是对现实问题表象的背景、来龙去脉、现状等做客观描述，除个别问题、个别方案可能给出外，一般都是隐含在特定的情境之中的悬案，需要学生认真理解、分析，自己去寻找和把握。

3. 有效性

案例的有效性表现在三个方面：一是案例是以决策者身份编写的，以便学生能以一个管理者的角色去分析思考和处理，并拿出决策方案来；二是案例包含了现实问题的本质，以引起人们超越就事论事的思考，从研究中得出有普遍意义的规律性的东西；三是案例本身有重要价值，通过分析能深刻掌握理论，进一步指导实践、发展理论。同时，案例还应有吸引力，使读书者爱看，有兴趣。

（二）案例的分类

（1）根据案例的功能，案例可分为三种类型：

①总结-评审型。案例中比较清楚地给出了问题及其发生的背景条件和某种解决方案。要求学生重新思考、分析、总结其中的思路，评审其优点和缺陷，提出自己的观点和方案。这是较少又比较简单的一种案例。

②分析-问题型。案例只是给出了问题及其有关情景。要求学生从问题出发，运用理论分析问题产生的原因，独立思考，热烈讨论，从中提出决策方案或分析报告。这是最多又比较复杂的一种案例。

③思考-决策型。案例仅仅给出了问题发生时的情景和来龙去脉，问题却隐含在字里行间，没有明确说明。要求学生认真阅读、分析、归纳出问题，抓住主要问题进行分析讨论，做出方案或分析报告。这是最复杂的一种案例。

（2）根据案例的内容，案例可分为两种：

①专业型。案例反映的是比较单一的或者是专业性较强的技术性问题。要求学生用相应的某理论或专业知识来解决。

②综合型。案例描述的是多种问题的交错制约及较复杂的情景，要求学生综合运用所学理论及多学科知识去分析决策。

此外，按案例的篇幅大小，案例可分为小、中、大三种类型。一般而言，篇幅小，案例中的矛盾、问题较少，较简单，线索层次较清晰；篇幅大则相反。

二、案例教学的宗旨

教育最终必须落实到学生的主动学习上。因此，在各种形式的阅读、听课、调查、讨论理解中获取信息和资料，是学生学习与发展的主要途径；同时，给学生创造最有利的信息环境，教会学生获取和加工信息的独立分析能力和决策能力则是教学工作的主要任务。

案例教学的根本宗旨是让学生处在教学的主体地位上，以管理决策者或当事人的身份去发现、分析和解决问题。

美国哈佛商学院几十年来，以成功地应用案例于工商管理教学过程，并取得巨大效果而著名。该学院的学生在美国500多家大型企业管理人员中约占1/5，毕业生供不应求。他们将案例教学方法定位于一种使学生和导师直接参与经营管理实际问题的讨论和决策。这就是说，一方面，案例教学是教学材料的一种特殊形式和将其应用于教学过程的专门技术，通过对案例资料的独立思考、研究讨论、界定问题、明确决策目标、涉及各种方案并确定最优方案的过程，使学生的分析能力和决策能力得到培养和发展；另一方面，也是最有意义的，案例教学能使学生仿佛真正担任组织决策者的重要角色去体验和领悟决策过程。案例教学总的做法是，教师根据所讲教材章节的内容、教学目的和要求，把精心编选的案例发给学生，在他们课后阅读学习和充分准备的基础上，再在课堂上采取适宜的方式进行讨论，并撰写案例分析报告。这种教学方法的意义在于：一是为了分析好案例，提高发言水平或写出高质量的分析报告，学生不但要认真且有的放矢地听课、提问题，而且课后还要积极地查阅参考资料，认真读书，甚至去企业做调查研究，形成一个以案例分析为中心的信息场，学生学习由被动转为主动；二是老师能够给学生期望得到的信任：即相信同学们可以理解案例精髓并能作为一名卓越管理者做出自己的贡献，实现自我价值，这是使他们发挥潜能的最有效的激励。

总之，案例教学的具体功能表现在：

（1）知识转化为技能。案例是这种转化的重要手段，从而缩短了学生从校门到社会的距离。

（2）深化了理论学习。带着问题学，有的放矢地学，为应用而学；透过现象到本质地发现问题、分析和解决问题，都能使学生深刻地理解理论，而不仅仅只背些“条文”。

（3）理论联系实际。案例本身就是理论联系实际的桥梁。通过案例分析讨论，使学生获得一定的感性知识，与所学理论结合起来，有了理论指导实践的尝试和体验。

（4）逼真模拟训练。学生在案例讨论中，完全进入了决策者角色，课堂营造的逼真的决策氛围，更增加了学生“当一回管理者”“我是经理，我能行!”的真实感和兴趣。

（5）“共享共赢”和促进“人人成功成才”的团队气氛。通过小、大范围的集体热烈讨论，形成活跃的课堂气氛，促进性格内向、底子较差的学生的兴趣，提高他们学习的主动性和积极性。

三、案例分析的程序和技巧

（一）案例讨论分析程序（如图1所示）

1. 编选案例

教师应根据教学大纲，优选教材章节的主要内容和重点，以及企业环境与现实（有时需要教师实地走访调查，上网查询资料），最好经过专业部或教研室课程群老师团队努力，精心选编案例或配套成集（悬案型案例为主——案例后不得有分析要点或答案），并使师生人手一集。而且还要不断更新。

2. 理论讲解与案例介绍

案例分析讨论前，老师精讲理论，或略讲甚至不讲理论，结合案例背景、企

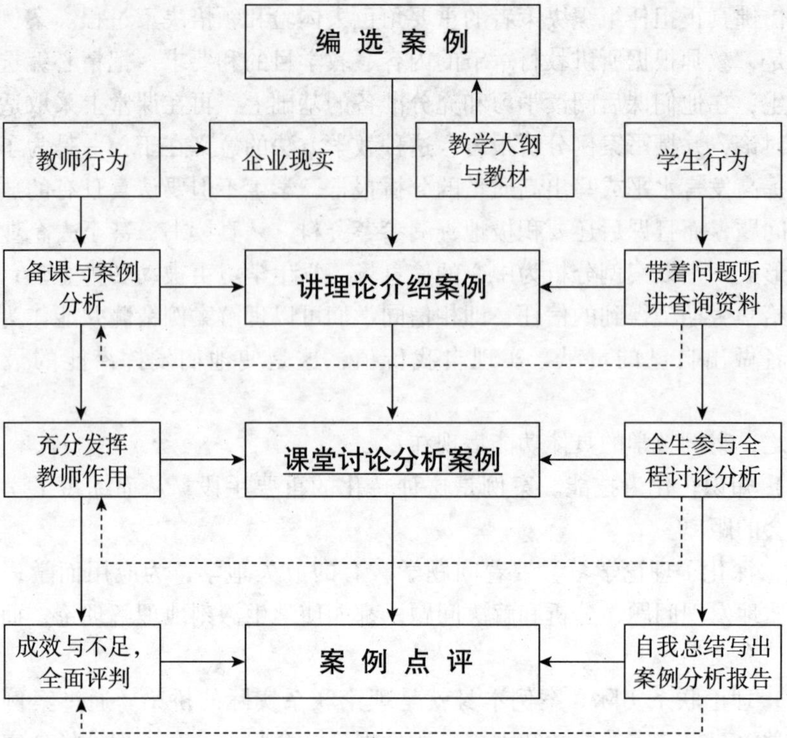

图1　管理案例教学法程序图

业环境与现实介绍，要求学生带着问题听和学（包括自学理论），不少学生往往还要在课前积极查询参考资料或去企业调查，准备发言提纲。

3. 课堂讨论分析案例

这是整个方案的核心与关键环节。

（1）按照案例的难易、复杂程度，有两种形式：一是较简单案例，可以组织学生当堂分析讨论。较难和复杂的案例，要求学生课下准备，下次讨论。具体讨论方式多种多样，可根据案例与理论的难易、复杂、深浅和重要程度进行选择：①小组式（3～5人）；②大组式（6～10人）；③大堂式（全班）；④自由式（最少2人）；⑤角色扮演式等，要求学生一律上讲台演讲。

（2）讨论课堂上，老师起重要辅助作用：在充分备课准备基础上，精心组织好课堂讨论。坚持“两个原则”（循序渐进原则、先易后难原则）、“四个特别关注”（关注全生参与、关注全程讨论、关注重点分析、关注由表及里）“一个主体”，即始终以学生为主体，充分发挥学生的主动性和积极性。对于讨论进程中的“卡脖子”问题，及时解答或启发、诱导、提醒、鼓励等，使分析讨论不断深入下去。

4. 老师点评

肯定案例分析讨论的收获和效果，突出表扬，指出不足，给出学生成绩。还可以进一步发散思维，开拓学生思路（给学习努力的同学以发展余地）。评判时，不仅看观点和内容的正确程度，还要看综合职业能力表现，如姿态、表达、表情、言辞、思路、与人交流、沟通、辩论、理解，甚至批评与自我批评等能力（有绩效导向作用）。

最后，要求学生自己总结，写出案例分析报告。

（二）案例分析讨论技巧

案例分析的一般技巧因人而异，因案例内容而异，一般常见的有以下几种：

1. 专题型分析

即针对某一问题、某一角度、某一侧面或某条件进行切入性的分析，尽可能说深说透。这一技巧，往往在初学案例讨论中被采用。

2. 综合型分析

即对复杂案例反映的所有问题进行全面、系统的分析。分析时，要用系统方法，抓住主要矛盾，理顺思路，分清层次，依问题找原因，由原因找对策，勾勒出完整的、立体化的运作程序和分析报告。

3. 讨论型分析

即在课堂上，分组或全班进行讨论分析。这种分析就是以一种研讨会的方式进行。所以，可以运用多种思维方式，提出自己的看法，积极参与讨论，进入角色，以锻炼和提高自己的能力。

解决实际问题，离不开适当的解决方式。同样，完成案例教学任务，必须讲究案例教学方式。案例教学方式多种多样，应根据教学要求和案例类型灵活选用。

四、案例教学方式

十几年来，笔者采用的方式可归纳为以下几种。

1. 大堂讨论式

对某些重要的复杂的案例，在讲了教材和有关理论后，留出几天时间，让学生充分准备，自由交谈，写出分析和决策方案或发言提纲，再在课堂上登台发言，进行班级讨论。

2. 小组讨论式

一般按学习小组或自由结合（4～6人）分组，由组长组织自由讨论，限定时间，这种形式适合于案例教学初期讨论比较复杂的案例。

3. 讨论——报告式

各小组在自由讨论基础上，由小组推荐出代表在班级讨论会上登台报告本组讨论情况和结果，其他同学可以做补充。这种方式效果较好，容易激起学生的兴趣。

4. 角色扮演式

由学生自愿或老师指定学生充当案例材料里的每一个角色，依据案例的基本要求，结合个人的角色认同，在课下进行一定准备后，上课展开活动，然后由其他学生进行评价，综合分析。这种方式可使学生产生直接参与的责任感。

5. 独立思考——讨论式

对一些比较简单的案例，当堂提出要求，限定时间，独立分析，快速完成分析报告或发言提纲，然后自由发言或由老师点名发言，展开讨论。这种方式可以促使学生高效运作，聚精会神地思考分析。

6. 连锁反应式

案例讨论中，发言的同学要听取其他同学对自己发言的看法（包括发言水平、内容、语言表达及至思路、表情等）。这种方式可使学生积极紧张地介入讨论，通过及时反馈，有利于及时发现自己成长中的许多不足之处，促其惊醒并努力。

五、案例教学中教师的作用

案例教学中，学生是课堂思索、讨论、评论、登台演讲的主体。老师是主持讨论的幕后指挥。教师的作用在于精心选编案例和组织讨论，掌握讨论方向和动态，对难点问题和“卡脖点”给予提示、引而不发、启示、鼓励，并激励学生讨论的热情和兴趣。在整个案例教学过程中，老师具有重要作用。

1. 精心著写案例

必须紧密结合教学理论和当前现实，精心编写案例。案例是一种特殊的教材，又如一本电影脚本，它的质量对案例教学效果有决定性影响。案例的质量标准如上所述，即真实性、悬案性和有效性。编写一个好的案例不是件容易的事，编著一本案例集更为不易。案例素材的直接来源有两个：一是搜集报刊信息资料，二是亲自参加社会实践（如企业经营管理、咨询等）进行调查研究。然后，按照教学目的和教材内容，对案例素材、逻辑、情节、文字等方面进行分析、改写、组织、加工、润色，最后按案例质量标准进行选优汰劣，而且还要不断地更新。

2. 认真刻苦备课

教师必须做充分准备，要有足够的关于本案例的学识资料、理论水平和教育机制。这是由教师在整个教学过程中的特殊地位决定的。尽管案例分析和决策方案一般是由学生自己讨论作出的，但教师若缺乏充分的知识和理论准备及一些基本构想，就难以编写好案例，难以驾驭课堂讨论，难以回答案例中的个别难点和学生的疑点，更难以及时指出问题，引导、启发学生思维和开拓学生思路，激发学习讨论的热情，这要比传统的教学备课费时费力。这就要求教师课余时间博览群书，广阅报刊，直接投身于改革开放大潮，积累资料。

3. 组织课堂讨论

有了好的案例和比较充分的教学准备，就为组织好课堂讨论做好了准备。而课堂讨论的好坏是影响教学效果的关键环节。一堂好的案例教学突出表现为学生们能以主体身份热情、积极、主动地参加讨论，并使讨论深入、富有成效。为此，教师应根据案例教学目的要求和讨论的具体情况，引导启发或引而不发；有意识地挑起矛盾，引发争端，开拓思路；发现谈论中的偏差，及时给以提示和指导；抓住每一个机会，用简短有力的语言表示自己对学生每一点创见或部分正确见解的赞赏，等等。

4. 进行成绩评定

案例讨论比传统的课后作业更能确切反映学生的学习态度、效果和能力，因此应当计入平时成绩。这样对学生也是一种压力，以促其认真对待。那么，案例讨论时学生发言、案例分析报告的成绩评定标准是什么呢？编者认为有三条：

（1）是否发现问题，抓住了问题的关键。不能只是对现象的罗列，或者捡了芝麻丢了西瓜。(20%)

（2）是否运用自己所掌握的理论知识，比较正确、全面地对问题产生的根源做了剖析，从而得出某种规律性的东西，不能就事论事；是否把握住了中心环节，论理透彻，思维活跃，评论得当。评判时，不仅看观点、内容的正确程度，还要看综合职业能力表现，如姿态、表达、表情、言辞、与人交流、沟通、辩论、理解，甚至批评与自我批评等能力。这是重点。(50%)

（3）是否有了适当解决问题的具体措施或切实可行的方案。不能纸上谈兵或不了了之。如有创见，应当加分。(30%)

5. 经常沟通信息

老师要利用座谈会、辅导、个别谈话、聊天等形式，经常与学生、课代表、班干部、班主任进行联系，互通信息，增强师生情谊。这是为了：①教书育人。了解学生的认识、思想问题，以便在案例讨论中有针对性地进行启发教育，这比单纯的说教效果会好。②良好活跃的班风、师生之间的互相理解和信任是案例教学成功的一个重要条件。

6. 因材施教

教学要看对象，这是一条原则，案例教学亦然。成人学生因为他们有比较丰富的实践经验，但理论知识比较欠缺，所以在案例教学中应侧重于把实际上升到理论上分析，从而使他们由经验到科学，提高理论认识和分析能力。对从校门到校门的学生，因为他们缺乏实践经验，案例教学应侧重于对案例背景材料和现实情况的详细介绍，并注意引导其不要简单地拿理论去“对号”，犯教条主义的毛病，从而使他们能够从现实而非抽象概念出发，增强其综合汇通所学各科理论知识和实践知识、进行具体问题具体分析的能力。特别注意对于学习较差的学生，多为其提供发言机会，积极鼓励表扬，耐心提示开导。特别注意不要因不答或答错而轻易否定，以便提高他们学习的积极性和主动性，逐步培养其学习自信心。

总之，案例教学中，教师处于重要的辅助地位。要把学生推上讲台，以帮助学生领悟分析和决策的真谛。正如美国管理学家斯公·戈瑞格所言：“仅仅靠聆听聪明的陈述和接受忠告，其收获甚微……因为，聪明是不能被传授的。”

六、案例教学中容易出现的问题和解决思路

根据编者十多年的教学实践，在案例教学中容易出现以下几个问题。

1. 案例就是例子

部分教师把案例看做例子或范例（其区别已如上述）。这样易走上两个极端：或者放任自流，只是让学生自己阅读案例，自己不去做任何讲解或组织，这样，学生必然难以进入角色，讨论也容易流于形式或收效甚微；或者教师完全主导着案例讨论，干预过多，完全以导演身份，要求学生按自己的意图去理解和决策，甚至试图告诉学生最终答案，结果完全违背了案例教学的宗旨。

2. 学生缺乏热情

面对复杂的现实问题，不能勇敢地接受决策竞争的挑战，或者面对难题，虽冥思苦想却仍一筹莫展，不知从何下手，这都会导致课堂讨论的冷清或松散。这主要是传统灌输式教学方式脱离社会实践，导致学生不善于思考和独立处理实际问题。反映出学生心理不适应以及分析问题和解决问题能力的低下。这时，教师的启发、诱导、牵线搭桥、鼓励就成为关键。这种情况，一方面更加证实了案例教学的必要性和迫切性；另一方面也可能是下一个问题即违背教学规律造成的。

3. 违背教学规律

即讨论分析案例违背“循序渐进、先易后难”的原则。案例教学必须遵循循序渐进的规律，并且贯穿始终。案例讨论应该先易后难，先简单后复杂。随着理论学习的不断深入和学生能力的不断增长，案例分析的内容也要逐渐复杂。同时，从始而终，重要章节或理论均应有相应的案例讨论相配合。并且，在各门主要专业课中，也应有案例教学，以形成各有侧重的一整套案例教学体系。这样，就可以由浅入深，从不同角度、不同侧面培养学生的综合分析能力和决策能力。

4. 不愿搞案例教学

对于教师来说，不愿搞案例教学，这或者是由于传统的“填鸭式”教学习惯，或者是由于对案例教学的畏难情绪，或者是由于计划学时太少，等等。必须做好教学改革，从 SPT（Success Practical Talents，意为“成功的应用型人才培养”）人才培养理念出发，从教学的根本目的和市场经济社会对人才的需求出

发，适当调整教学计划和课时安排。作为教师，以教研室或专业部为单位，增加案例教研活动，如集体备课、观摩教学等，以切磋借鉴。

5. 学生缺乏分析案例的基本技能和知识

讨论与分析案例，要求学生必须具备两方面的基本知识与技能，即语文方面的思考、分析、归纳、总结能力和善于学习、借鉴能力，还要具有与案例内容有关的专业理论甚至实践知识。这需要平时的学习积累和比较扎实的基础。对于对此比较差些的学生，教师应体现“爱生如子”和促进“人人成功成才”的教学理念，在案例分析过程中或讨论前，指导老师的提示、启发、鼓励等显得更加重要。

6. 案例教学的局限性

案例教学作为一种教学方法，也有一定的局限性，不可能囊括所有的经济、管理现实问题或理论问题。何况改革开放正在深入发展，教与学的矛盾复杂多变。所以，系统的理论传授仍为必要，教学方法也应多样化。

总之，案例教学可以有力地促进教学改革，使教学由传统的灌输式变为启发式；进一步完善人才培养体系，使学生从注重书本知识的被动应试学习转变为注重能力和综合职业素质提高的主动修养；可以促进“有教无类”、人人成功成才；可以促使教师端正对教学、科研、实践三位一体的辩证关系的认识，积极投身于改革主战场，这既有利于提高教学质量和教学效果，又为社会提供了服务。所以，案例教学不仅是教学手段和方法的变革，也是包括教学理念与人才培养模式在内的一项重要改革举措。

刘　兆

目　录

第一章

物流概述

实例1："黑色地带"淘金——东大的物流管理

山东东大化工集团主导产品的生产能力和原材物料用量，近两年翻了一番，但原材物料及产成品运输费用、车辆、库存不仅没增，反而大幅度下降。这一切得益于四个字——物流管理。他们在被管理学家称为"黑色地带"的采购、仓储、运输等非生产环节，创出了不凡业绩。

1. 切入于运输业务，洞开于车辆拍卖

前身为张店化工厂的东大集团，建厂40年来，原材物料运输一直由公司车队承担。车队有26名员工，18辆大货车，此外还有一个修理厂，运转费用不菲，效率却不高。司机上班拖拖拉拉，不想出车就推说车子有毛病。跑一趟上海五六天应该能跑个来回，但不管哪辆车跑一趟都得十七八天，都知道司机借机跑了私活，一趟能赚回台彩电，但想追究，一句"车在路上出了毛病"，就被堵得哑口无言。

法子想的不少，成效却是寥寥。公司决定向内部招标拍卖，18辆车卖了12辆，收回75万元，14名司机中标，其余车辆报废，人员分流。被拍卖车辆想承担公司运输任务，吨千米运价先是与公司以前平均运价持平。过渡两个月后降低二分钱，与市场价持平。紧接着又比市场价降低三分钱。

车成了自己的，每辆车运行里程比拍卖前多出两倍。半年公司节约运输费用184万元，加上人员工资、运输规费、车辆维修费一概不用负担，合计节约费用354万元。

拍卖车辆逐渐进入报废期，公司开始将运输推向社会，先是面向社会公开竞价招标，年节约运费390万元。然后又对运量相对集中的几条线路公开招标买断，吨千米运价由0.44元降到0.2元，前后节支1 431万元。

2. 关注库存信息，加强采购管理

东大是大型化工企业，使用原材物料多达2万多种，库存占用资金5 228万元。具备了运输环节的优化控制这个前提，企业开始向物流管理的下一个目标——合理库存挺进。

过去由于运力、运输效率有限，原料采购需提前一星期，产品到客户手中需一星期以上。现在运力、运输效率大为提高，原材料购进最多需提前 2 天，国内市场送货一般不超过 2 天。可以就近采购的物资，坚决保持“零库存”。对于不易采购的，采购计划批准前必须先经仓库保管员审核签字，确认库里没有存货和替代物品。1998 年企业库存比 1997 年降低 2/3，减少资金占用 1 800 万元。1999 年仅去掉危险品仓库，让危险品直接进入生产现场装置，就减少资金占用 2 200 万元。

实现合理库存，信息有效流动是关键。由于能及时掌握国内外市场的大量信息，东大在库存的控制上始终处于主动地位。1998 年二季度，预测到丙烯价格将有大的回落，提前压缩库存，等回落到最低点又大量购进，仅此增加效益 100 多万元。1998 年国家加大打私力度，东大分析到国内化工原料市场将有大的波动，故加大产品库存，待价格上扬后集中促销，一举增收 200 万元。

信息的有效流动，对采购环节优化控制产生了深刻影响。由于众多原材物料的供求信息、最低价格通过互联网等渠道，在企业有关部门间实现了快捷采集传递，东大建立起供应公司一口采购，技术、财务、审计、设备四部门随时检查监督的高效物资采购体系，采购由暗箱操作走向彻底透明，仅 1998 年采购成本就降低了 1 910 万元。生产部门提报的采购计划最迟半天就能得到落实。

3. 提出一个新课题，重视物流管理

物流管理在发达国家并不新鲜，日本丰田公司早在 20 世纪 70 年代就广泛采用，到 90 年代初日本制造业已普遍采用。

东大开始有意识地导入物流管理这一全新理念。所谓物流管理，就是为实现资源配置最优化、成本最低化而进行的从起点到终点间的原材料、中间过程库存、最后产品和相关信息有效流动及储存的管理。

可惜目前国内大多数企业对这个概念还很陌生。一提降低成本，就知道盯着生产环节。其实随着生产工艺水平的不断提高，这个环节的挖潜空间已日趋有限。以东大为例，主导产品环氧丙烷、聚醚均是引进日本先进技术，全过程计算机控制。仅盯着生产环节降成本，企业显然无路可走。

市场竞争不断加剧，生产越来越趋于多品种、小批量，营销区越来越宽。随之而来的是，采购成本、仓储费用在企业全部成本中所占比例越来越高（东大已超 80%），但众多企业忽视的恰恰是这一块，特别是国有企业，采购、运输、仓储不计成本，一概包揽。因此这一领域被管理学家称为“黑色地带”。

东大在向人们展现管理创新无穷潜力的同时，也向国企提出一个强化管理的全新课题，那就是依托社会化、专业化的服务体系，克服“大而全”“小而全”的通病，降低成本，提高水平和市场竞争力。东大的实践证明，需求产生一切，推行物流管理以前，所在地张店区没一家专业化的化工储运企业。但运输走向社会短短一两年时间，在企业巨大运量的刺激带动下，张店及周边一批专业化工储运公司迅速崛起（耐人寻味的是，私营企业占了很大比例），且在激烈的竞争中日渐走向成熟，专业优势发挥得越来越明显。最终受益的还是东大自己。以青岛液氯运输线路的拍卖为例，运回1吨拍卖底价是190元，结果竞价竟到了90元。尽管明知谁也不会做赔本买卖，但东大还是有点心虚，因为怎么算中标企业都没有盈利。后来才知道，中标企业早已对线路路况、坡度、收费进行了详细考察测算，据此改装加长了车厢，花钱不多，车辆运输能力却增加近1倍，这样一来又有了盈利。账算到这个地步，有几个“大而全”“小而全”的“国字号”能做得到？

思考讨论

1. 你认为东大降低成本的做法是否可取？请具体分析利弊。
2. 我国制造企业向物流要效益的潜力有多大？你认为应如何释放这些潜力？

（参考《现代物流管理案例集》，蒋长兵编著，2005.1）

提示

1. 观念上，物流是第三利润源，在我国当前，具有巨大潜力，尤其是运输、库存“黑洞”。
2. 改革创新是企业生存发展之本。
3. 在当今形势下，企业“大而全”与物流社会化、专业化的比较。

实例2：解读FedEx在中国的经营之道

随着中国加入WTO后，国际物流企业加快了在中国的发展，而像FedEx（美国联邦快递）、UPS（美国联合包裹）这样的物流业巨头，则在之前就已悄悄地完成了在中国的战略部署。有数字表明，目前国内速递市场，中国邮政的EMS市场占有率为40%，DHL占30%，UPS占10%，FedEx占10%，其他占10%。从1995年起，FedEx、UPS、DHL等国际速递巨头在国内的营业额增长率都保持在20%以上。这些跨国物流企业在中国的经营，在一定程度上对中国物流企业的发展起到极大的推动作用。

一、创导一体化物流服务

按照物流服务发展的四个阶段，中国的物流企业还只是处在第Ⅰ、第Ⅱ、第

Ⅲ阶段，第Ⅳ阶段刚起步。基础物流服务的内容通常较为单纯，较少介入到服务企业的内部管理，服务的个性化特征不明显，通用性较强，专业化程度较低，市场进入壁垒低，竞争异常激烈，经营者的利润很低；物流运作服务与物流管理服务强调个性化服务，提供专用运载工具或适用于特定产品的仓储、包装服务，与外资抗衡的能力较差；一体化物流服务则是根据客户需求，整合了客户的上游企业与下游企业及客户自身的生产经营流程，是一种附加值最高的物流服务。从中国的物流业整体来看，大部分的物流企业都只能提供前三个阶段的物流服务，能够提供第四个阶段物流服务的企业是“凤毛麟角”。联邦快递（FedEx）作为全球最大的快递企业之一，在提供门对门、一体化供应链物流服务方面有着先进的管理理念及运作模式。

二、开创多式联运

物流业的发展已经引起了中国各级领导、各级政府、各界人士的高度重视，并且在物流基础设施上进行了大量的投资，建立了现代物流所需的快速通道，如高速公路、高等级的全国公路网络、快捷的城市运输通道、铁路、机场等。所有这些，为中国物流企业的发展打下了比较坚实的基础，而通过对 FedEx 的学习，借鉴其多式联运的现代化物流模式，能够进一步促进政府完善其宏观调控职能，打破条块分割、地方保护等不利现代物流发展的局面，实现物流资源的共享，为中国物流企业创造一个公平、合理的发展环境提出新思路。

三、物流标准和规范化的示范

在中国，几乎各行各业都存在着条块分割、自成体系的现象，对于一个正在成长中的新兴产业——物流业而言，这种现象就更为显著。由于这一现象的存在，使得物流环节的运输工具、承载设施和设备的标准和规范不统一，导致物流无效作业环节增加，从而大大降低了物流速度、抬高了物流成本，进一步影响了物流的效益、快速反应能力和竞争力。在对 FedEx 中国布局研究后，可以依照 FedEx 的示范效果建立和完善中国的物流标准和规范。

四、网点建设专家

表面看来，FedEx 在中国只有深圳、上海、北京的第五航权，而实际上 FedEx 通过其中的合作伙伴——大田集团，已经完成了以北京、上海、深圳为中心的中国物流网络的布局。这样，FedEx 实际上已经开通了中国京津沪穗、深圳及周边城市客户投寄 15 个亚洲城市和美国、加拿大各个城市的“亚洲一日达”和“北美一日达”快递服务。

FedEx 通过其 FedEx Ship Manager、FedEx PowerShip、FedEx、ShippingAssistant 与全球 100 多万客户保持着密切的电子通信联系。同时，它能够结合空运、陆运及电子网络，为全球提供电子托运、即时包裹追踪、物流及配送服务等，它所提供的“亚洲一日达（AsiaOne）”“欧洲一日达（EurOne）”服务，在全球无人能及。这些先进的运作模式、管理理念及信息管理、在线系统正是中国物流企业所缺乏的。FedEx 的进入，恰好为中国的物流企业提供了一个示范作用，从而打破中国物流企业建设发展“摸石头过河”的局面，缩短了广大物流企业的成长过程，加速了企业走向成熟，增强了中国物流企业的竞争力。

五、资源整合的高手

中国现在的物流企业大都是由传统的国有交通运输与仓储企业演变而来的，由于历史原因，这些企业大多存在管理不足、技术落后、设备设施较差等问题。据统计，目前中国自货自运车辆占到了社会运输车辆的 70%，货运车辆空载率达到了 37% 左右，每年造成损失高达 100 亿元人民币；每年因包装损失 150 亿元人民币，因装卸、运输损失 500 亿元人民币，因保管不善损失 30 亿元人民币。这是远远不能满足现代化生产需要的。随着 FedEx 等国际巨头进入中国，对这些企业进行重组与再造就在所难免。在 FedEx 这些国际巨头加快中国布局的同时，中国的物流企业为了提升其竞争能力，必须从内、外进行整体改造、整合物流资源。

六、物流信息化提升服务质量

现代物流企业服务质量的好坏，在很大程度上取决于企业的信息化程度高低及对信息的运用能力。FedEx 的成功，在一定意义上取决于其快捷、便利的信息系统及自动化的物流设备，几乎应用了世界上最先进的各类物流信息技术和运作模式。在 FedEx 进入中国后，本土的企业为了寻求与 FedEx 同样的服务速度，会促进国内物流企业注重物流自动化设备的建设，加快其信息化的进程，提升服务的质量。

七、物流运作的高度专业化

物流服务有很强的专业技术和技能，这一方面要求有配套的运载工具、存储等相关设备、措施；另一方面更需要有了解货物属性、通晓货物相关要求的专业人士。如了解温控运输中的保温技术、危险品运输中的安全防护措施及特种物流作业等。FedEx 能用飞机为熊猫、赛马、跑车、钢琴等提供跨地区的运送服务，货物既有普通物品的运送特性，又要有高度安全、环保的要求，运送要求非常高，没有专业的技术和措施是无法确保服务质量的。FedEx 已经在全球物流运营过程中积累了丰富的知识与经验，各项安全、环保标准及其他技术指标都能符合国际要求，这也提醒中国物流企业若想持续发展和走向全球物流市场，物流运作必须符合国际标准。

虽然 FedEx 等这样的国际物流巨头对我国的物流业带来一定的冲击，但随着 WTO 规则的落实，中国的物流业将会很快对外资开放，国际物流巨头提醒国内物流企业应练好内功，壮大实力，才能增强企业的竞争力，在中国这块物流“大蛋糕”上才能分得“一杯羹”。

思考讨论

1. 现代物流的内涵是什么？中国物流企业目前处于什么发展阶段？与国际物流巨头相比还有哪些差距？

2. 条块分割和自成体系现象的存在对中国物流业的发展造成了哪些不良影响？

3. 物流运作的专业化对物流企业提出了哪些要求？

（参考《现代物流管理案例集》，蒋长兵编著，2005.1）

提示

1. 物流巨头进入中国市场，存在的威胁与机遇。

2. 现代物流的内涵与特点，我国物流业发展所处阶段及其特点。

3. FedEx 在中国经营之道借鉴。

案例 1：云南双鹤药业的物流系统改造

长期以来，中国在医药管理体制、技术创新能力等方面都存在着许多的问题，使得中国医药的开发研制成本、产品的生产销售成本过高，因此价格昂贵。而在国际医药市场上，由于一些国家采用先进的技术设备、领先的科技水平以及一流的管理经验，使医药成本降低，市场价格下降。一直以来，中国对国外医药品征收较高的关税，并设置了非关税壁垒，因而，便宜的国际医药市场的价格难以在中国医药市场形成，这种状况不能满足我国人民日益提高的消费水平及人口老龄化的要求。

一、云南双鹤药业的总体概况和发展前景

云南双鹤医药有限公司是北京双鹤这艘“医药航母”部署在西南战区的一艘“战舰”，是一个以市场为核心、现代医药科技为先导、金融支持为框架的新

型公司，是西南地区经营药品品种较多、较全的医药专业公司。公司成立以来，效益一直稳居云南同行业前列，下属有一个制药厂，9 个医药经营分公司，30 个医药零售连锁药店。它有着庞大的销售网络，该网络以昆明为中心，辐射整个云南省乃至全国，包括医疗单位网络、商业调拨网络和零售连锁网络。随着中国的入世及党中央西部大开发战略的实施，云南双鹤药业面临着巨大的挑战和严峻的考验。中国加入 WTO 还将对现有的制药企业的产品结构造成冲击。另外，根据国家药品监督管理局的规定，国家对流通企业和生产企业实行的 GSP 和 GMP 认证必须在2006 年 6 月 30 日之前完成，面对这些竞争和社会需求，云南双鹤药业寻求出路和积极转变成了企业面临的重大课题。

二、云南双鹤药业企业物流管理中面临的主要问题

目前，云南双鹤虽已形成规模化的产品生产和网络化的市场销售，但其流通过程中物流管理制度严重滞后，造成物流成本居高不下，不能形成价格优势。这严重阻碍了物流服务的开拓与发展，成为公司业务发展的“瓶颈”，主要表现在：

1. 装卸搬运费用过高

装卸搬运活动是衔接物流各环节活动正常进行的关键，它渗透物流各个领域，控制点在于管理好储存物品、减少装卸搬运过程中商品的损耗率、装卸时间等。而云南双鹤恰好忽视了这一点，由于搬运设备的现代化程度较低，只有几个小型货架和手推车，大多数作业仍处于人工作业为主的原始状态，工作效率低，且易损坏物品。另外，仓库设计不合理，造成长距离的搬运。并且库内作业流程混乱，形成重复搬运，大约有 70% 的无效搬运，这种过多的搬运次数，不仅损坏了商品，也浪费了时间。

2. 储存费用过高

目前，云南双鹤的仓库的平面布置区域安排不合理，只强调充分利用空间，没有考虑前后工序的衔接和商品内的存放，混合堆码的现象严重，造成出入库的复杂性和长期存放，甚至一些已过有效期发生质变和退回的商品没能得到及时处理，占据库存空间，增大了库存成本。

3. 运输费用没有得到有效控制

运输费用占物流费用比重较大，通过对日本通产省六大类货物物流成本的调查表明，运输成本占物流总成本的 40% 左右，是影响物流费用的重要因素。云南双鹤拥有庞大的运输队伍，但由于物流管理缺乏力度，没有独立的运输成本核算方法，该企业只单纯地追求及时送货，因此不可能做到批量配送，形成不必要的迂回，造成人力、物力上不必要的浪费。而且由于部分员工的工作作风败坏，趁送货之机办自己的私事，影响了工作效率，也增大了运输费用。

4. 物流管理系统不完备

在企业中物流信息的传递依然采用“批条式”或“跑腿式”进行，电脑、

网络等先进设备与软件基本上处于初级应用或根本不用状态，使得各环节间严重脱离甚至停滞，形成不必要的损失。

5. 人力资源及时间浪费大

由于公司人员管理松散和用人制度的不合理，一部分员工长期处于空闲状态，拿着工资却不工作。有时为消磨时间，往往是几个员工聚在一起花多个人时间做一个人的工作，工作中娱乐成了很自然的事情，诸如寻找、拿取、装卡、拆卸、摆放、运输等，这些环节中都延缓了工作时间，降低了工作效率，造成无法计量的成本损耗。

综上所述，可以看出，物流成本控制是一个系统，着重在运输和储存费用的控制。

思考讨论

1. 云南双鹤药业为什么要对仓储系统进行改造?
2. 请你做一份改造计划建议书。

提示

1. 传统物流内涵与特点及其与现代物流的差异。
2. 云南双鹤医药有限公司存在问题及其中主要问题和其原因剖析。
3. 对策。

案例 2：手提包生产厂的物流问题

生产企业的物流问题，现在已经引起人们重视，但在原材料或零部件、辅料和备件的库存控制方面还存在不少问题。其中有关安全或保险储备量、缺货量、订货周期或订货点、经济进货批量等的关系问题，尤其是在企业生产环境和条件存在众多变数的情况下，有待进一步深入探索。它与企业的采购、生产、销售、市场以及成本利润关系极大。本文以吉亭工厂的手提包生产为例，对这一问题进行探讨。

吉亭厂是河北省著名的白沟箱包市场上的一家手提包制造企业。几年前，大学生刘成和杨方从某大学获得工艺美术专业的学士学位，学生时代，两人同住一室，经常探讨工艺美术的自然学派问题。毕业后，他们在家庭和朋友的支持和鼓励下，共同创办了这家手提包制造厂，将其学有所获的美学观念用在手提包制造上，他们将产品拿到北京、上海等地的一些著名商号进行展示，其产品独特、优美、自然的设计风格令商家深有好感，同意经销。半年后，时代周刊曾多次刊登当时最流行的手提包款式，他们的产品名列其中。于是销量开始上升，市场也随之扩展到石家庄、天津、唐山、南京、杭州等地。

现在，企业有三十多名工匠生产五种款式不同的手提包，全是市场价格在800～1 000元的高档品，用料是经过自己专门配置的鞣革料处理过的精制水牛皮革。业务和市场的发展已对这个仅有40多人的小工厂提出了若干个新问题。最主要的问题就是不能及时把产品发给经销商，引起了他们的不满。而主要原因就是市场和物流问题：①手提包主原料长期短缺；②商品牲畜的屠宰量也减少了9%～11%，生牛皮革价格猛涨，现价是150元/米，是三年前的2.6倍；③由于生牛皮革常不能及时供货，造成停产，有时为了“赶货”，不得不加班加点，紧急装运。

通过调查，从该企业收集到了下列资料。

（1）生牛皮革前置时间概率分布（表1－1）。

表1－1　生牛皮革前置时间概率分布

前置时间/周	4	5	6	7	8
概率/%	10	20	40	20	10

（2）5种手提包的用料（表1－2）。

表1－2　5种手提包的用料

款　　式	信使袋式	带柄手提式	拉锁离合式	背包	带柄公文包式
需求量/只	5	8	15	6	10
单位用量/m	2.3	1.6	0.5	0.7	2.1

（3）皮革订货成本与数量无关，为400元/次，缺货成本为80元/米·次，储存成本为60元/米·年。

（4）牛皮革的屠宰、生皮的预制和交货作业大致是三周。

思考讨论

1. 客户服务水平与库存量是什么关系？
2. 什么是合理库存量？合理库存需要考虑哪些因素？
3. 试给出一个定量和定性相结合的可行性方案。

（参考《物流成本管理》（第二版），朱伟生主编，机械工业出版社）

提示

1. 安全或保险储存量和成本计算、经济批量与进货周期计算、最大库存量计算。

2. 分析市场供求状况，采取物流改革措施。

案例3：邯运集团怎样做国际物流

邯郸交通运输集团有限公司是2002年1月由原邯郸市第一运输总公司改制创建的现代公司制物流企业。2002年年初公司整体改制，注册成立“邯郸交通运输集团有限公司”，并在此基础上组建“邯郸交通运输集团”，简称“邯运集团”。

经过60多年的发展，邯运集团已成为集汽车客、货运输、物流经营、汽贸服务、房地产开发、汽车改装、石油设备制造、汽车技工培训、信息技术开发以及汽车出租、旅游、餐饮、住宿、广告服务等业务为一体的大型综合性物流企业。公司注册资本1亿元，现有总资产11亿元，下辖50多个基层单位，各类营运车辆10 000余部，为邯郸市重点支持的全市50强企业之一，企业综合实力在全省同行业位居前列，2002年进入全国交通企业100强，2005年位居中国道路运输企业100强（客运第14位、货运第9位），全国物流企业100强（第41位），2006年荣获“全国企业文化建设先进单位”“河北省文明单位”称号。近日，邯运集团又被中国物流与采购联合会授予国家唯一5A级（运输型）物流企业。

集团现有在册职工6 800人左右，其中有中高级职称的64人，高级物流师21人，物流师38人，其中81.6%的中高层人员具有大专以上学历。根据集团公司的规定，到2010年，所有的中高层管理人员都要具有大专以上的学历。其中，高层的管理人员应当具有硕士研究生以上的学历。当前，集团正在组织管理人员进行学历教育和各种培训。

最近一直困扰邯运集团发展的问题就是国际物流业务的开展，但这件事却迟迟没有定下来。开展国际物流业务涉及对新市场的把握和公司原有业务的整合，而且开展此项业务要面对变化莫测的国际市场和较高的技术门槛。开展国际物流业务的目的：立足于本地区，做大做强，提高企业的国际竞争力，具备一定的国际物流运作经验，并为企业以后的发展提供平台。

集团的现有物流业务，主要有三类可以通过整合和重组进行国际物流业务。一是现有的飞马快运和河北快运的两家快件业务，二是现有的采购业务，三是发挥国际陆港物流园区优势，开展国际货运代理服务。但是开展这三类业务面临的困难是比较多的，且比较复杂。

“我们集团开展国际物流业务，目前具有一定优势来开展的是国际采购、国际快件以及成立国际货运代理公司这三类形式，但是这中间的困难以及组织形式还需要经过严格的论证。”李经理说。

“虽然飞马快运和河北快运的业务目前在国内的网络覆盖已经比较全面，但是国际快件业务的开展困难还是比较大，最根本的就是没有网络，我们现在急需解决的就是拓展自己的网络，而且如果要开展的话也是要有针对性地开展，比如前期网络主要覆盖跟中国经济往来密切的一些国家和地区，比如：美、日、韩、加、英、法、德等国家。而且网络也要跟其他国家快递公司合作，我们不可能去国外建立自己的网络，那样成本太大。”飞马快运公司张总经理说道。

“我来说一下集团采购方面的想法吧，我们采购现在主要是为本地的几家生产企业提供铁精粉和煤炭，但目前国内供应商的价格、品质不稳定，有些时候从国外采购反而会更经济一些，所以我们初步打算是将现有的采购扩展到全球的范围内，在国际市场上寻找合适的原材料供应商。”常副总提议。

“当然了，国际采购面临的风险比国内采购大的多，主要是原材料和运输价格的波动难以实时把握，再加上汇率波动，国际运输时间比较长，这都造成了很大的不确定性。”常副总又补充道。

“冯总经理，目前世界上铁矿石主要的出口国是澳大利亚、巴西、俄罗斯、乌克兰、哈萨克斯坦、印度、美国、加拿大、南非等国，而煤炭则由澳大利亚、美国、哥伦比亚、南非、新西兰、印度尼西亚、委内瑞拉等国出口，因此我们的采购计划基本定在这几个国家，但是具体的价格和品质我们还没有得到详细的资料。”常副总喝了口茶继续说道。

“但是如果从国外采购的话，运输问题如何组织呢？”李经理问道。

“我们的运输方式基本上选择远洋运输的方式，但是具体运送港口要根据产地和需求地的不同会有所变化。”常副总答道。

“我觉得我们下一步的工作就是如何去选择合适的铁精粉和煤炭供应商，以及整个过程的运输组织问题。”冯总经理语重心长地说道。

“成立货运代理公司的话，公司地点选在哪里呢？”邓经理问道。

“目前我们建的陆港物流园区的定位，就是要建成内陆口岸，实现园区内报关、通关。”冯总经理提醒了一下。

“如果那样的话，我们就得设立两个办事机构，一个在沿海，另一个是在物流园区内部，这样不仅能提供邯郸当地的货运代理服务，也能在港口城市发展自己的业务。”李经理综合考虑了一下，提出了意见。

“那我们的公司具体要开展哪些业务呢？我这里有些资料，我们可以根据国家的规定来选择下面的一些业务。我这里找到的是《中华人民共和国国际货物运输代理业管理规定实施细则》第 22 条的规定，国际货运代理企业的经营范围包括：

①揽货、订舱（含租船、包机、包舱）、托运、仓储、包装。

②货物的监装、监卸、集装箱装拆箱、分拨、中转及相关的短途运输服务。

③报关、报检、报验、保险。

④缮制签发有关单证，交付运费，结算及交付杂费。

⑤国际展品、私人物品及过境货物运输代理。

⑥国际多式联运、集运（含集装箱拼箱）。

⑦国际快递（不含私人信函）。

⑧咨询及其他国际货运代理业务。

“以上的这些业务内容当然我们可以都做，但是难度比较大，而且我们没有类似的经验，因此我认为可以从以上 8 个业务中选择一下。”刘经理一边陈述一边把手中的资料分发给在座的各个经理。

“成立国际货代公司涉及多方面的问题，首先就是公司注册，公司的资质问题，目前我们的状况肯定是不行的，如何具备这种资质呢？这是我们要解决的一个难题。”李经理首先说了自己的疑虑。

“那好，目前来说我们成立货运代理公司的话需要解决的问题就是这几个了，我总结一下：第一个是公司的选址问题，是选在沿海还是当地；第二个就是公司经营范围；第三个是公司人员配备和培训；第四个是公司成立需要的手续和资质。这四点之外大家还有要补充的吗?”冯总经理说道。

“冯总，我想补充一下，刚才想到通关的问题，突然想起来我们的信息系统方面要完善的地方，目前信息系统已经不能满足对国际货运代理、国际采购、运输方面的需求，要开展我们的国际物流业务，必须要花大力气来整合信息系统，而且这个是很关键的一点。”邓经理补充道。

大家都点头表示同意。

思考讨论

1. 试分析指出邯郸交运集团目前的物流优势。

2. 总结邯郸交运集团做国际物流的具体困难及原因。你有何建议?

（参考《2008 年“邯运杯”第二届全国大学生物流设计大赛案例》）

提示

1. 邯运集团作为5A 级大型物流企业，做国际物流业务的目标与面临的市场压力和机遇分析。

2. 发展中存在的“瓶颈”问题与原因，可行的对策建议。

第二章
物流系统

实例1：从朝日啤酒公司感受物流系统带来的效率

啤酒业是个看天气吃饭的脆弱行业，啤酒的生产和销售受气候影响很大。当时，由于日本国内进行的消费税率改革以及经济不景气等原因，使啤酒行业大受影响。日本朝日啤酒株式会社从1988年开始，为了给顾客提供新鲜的啤酒，开始推行“鲜度管理”。为了进一步提高啤酒的物流效率，他们将啤酒厂——零售店——消费者的物流流程作为一个整体进行管理，并将“鲜度”作为顾客满意的目标。

一、由结果管理转变为在库天数的计划管理

朝日啤酒公司于1986年导入了CI（Corporate Identy），同年开始推行“鲜度交替的管理”战略，其具体内容是：对产出20天后才出厂的啤酒进行回收。1992年公司重新出台了名为“鲜度交替”的鲜度管理方案，1993年公司进一步将“鲜度管理”作为公司经营最重要的问题加以强化。为了搞好此次活动，公司设立了以公司总经理为首的“鲜度管理”目标，1994年该目标已上升为5天内出厂。从1997年起开始实施包含全流通阶段在内的鲜度管理，即从生产到门市共8天时间的“总鲜度管理”目标。鲜度管理委员会的最大任务是进行计划管理，由以前的从工厂出货日开始算起设定回收日的结果管理，转变为减少啤酒在库天数的计划管理。

当“总鲜度管理”成为管理目标后，零售店也成为要考虑的环节。因为要实现生产8天内送到顾客手里的目标，必须考虑批发商的库存，如果工厂控制在5天以内，批发商必须在3天内出手，否则无法达到目标。因此，公司在考虑了批发商的库存等因素后决定控制出货量。为此，公司研究了啤酒的保存方法。木桶（装酒用的）虽保存于冷藏库中，但运输过程非常关键，因此公司决定采用保温配送的方法。同时，公司也对啤酒不适于照射紫外线，在夏季日晒后容易变质的问题采取了相应对策。为了实施鲜度管理方案，公司调整了管理体制。业务

部门的目标是准确预测需求，制订计划，当生产计划与实际的动态产生偏差时，就迅速采取措施，使预测精度上升。同时，生产部门制订了相应的弹性生产计划，以应对变化的市场和小批量生产订单；物流部门为了减少在途库存而及时向生产部门提出生产建议，将产地和销售有机联系起来，可以有效减少库存；业务部门根据物流部门提供的库存动态信息调整业务计划；生产部门负责协调生产计划等。

此外，公司还对业务人员进行业务培训以及品质保证培训，并在分公司、分店中选出鲜度管理者并经常对库存啤酒进行检验，对特约店也通过发行鲜度管理手册来贯彻鲜度管理方案。这样，业务、生产、物流部门全都参与鲜度管理工作，并由全体人员进行鲜度管理计划的制订、修改和评价。

二、减少中间环节，不单是省去配送中心

1987 年以后，随着啤酒销售额的增大，公司将重点放在了生产量的增加上，生产规模扩大后一度只顾设立新配送中心、租赁新的仓库，没有注意控制库存，导致了库存的增加。后来，公司在开始解决这一问题时，提出两种啤酒配送方案：一是工厂——配送中心——特约店，该方案配送线路多且长，因此需要更多的在途库存，使总库存增加；二是啤酒工厂——特约店，由于中间环节缩减，在途库存大幅降低。因此，公司决定实施第二方案。具体做法是：

1. 拣货

为了提高作业效率，公司导入自动分拣装置，以夜间为主体，将手工分拣改为自动分拣，将 16 名检货员缩减到 5 名，装货时间也缩短了。

2. 调度和指挥

以前是对配送车辆作业进行示意，凭司机的直觉来拣货，现在研究出了配送车辆自动引导系统。该系统的运作程序是：首先进行库存分配的模拟实验，然后对产品从入门到出门进行管理，尽量在一个场所完成一辆配送车辆的装车作业。使用这一系统可缩短装车时间。

3. 改革配送中心的管理

公司决定在维持现有服务水平的前提下，对啤酒进行集中配送，采取的办法是逐渐减少租赁其他公司的仓库。如果公司的配送中心有余力，还可招揽其他相关生意，为其他公司提供配送服务，这样一来，就减少了啤酒配送所用的实际空间。

进行这些改革后，从工厂直送的比例由 1992 年的 64% 上升为 1997 年的 75%。降低了库存量。为了削减库存量，还必须根据市场需求来确定订货。市场信息的收集、需求量的预测等是提高销售计划准确度的保证。为了做好销售计划，公司根据业务、生产、资材、物流各部门提供的信息，每周召开市场需求与

供给分析会议，重新评估和修订生产、运输和配送计划方案。

三、将库存精确到6天

1996公司建立了生产、销售、物流集成信息系统，各部门都利用这一信息平台进行信息交换，并且各部门之间的计划制订公开化，比如，销售部的计划由生产、销售部门共同确定；生产部门的计划是在销售计划确定后与销售部门一起来制订。

物流部门的职责是根据集成信息系统各主干数据库提供的信息，依据销售计划、生产计划调整各集团库存及配送计划，向各地区的物流部门传送数据。由于各部门共用同样的数据库，整个生产、销售和物流系统的不确定因素大大减少。

由于将各个环节的信息系统进行集成，公司有条件对库存进行严格管理，公司导入了库存管理系统。配送中心虽一般存有3天的库存，但根据模拟实验的结果，发现一般的品种只要有1.6天的库存就不会引起缺货，因此公司制订了将库存控制在1.5～1.6天的方案。这一目标的实现，直接减少了配送中心的库存量，也减少了所需要的配送中心数量。

这一方案的实施结果是，库存天数由1992年的8天变成1996年的5天，如果将销售端的时间计算在内，也实现了8天这一目标。公司的“总鲜度管理”方案实施以后，物流效率指标（销售额的增加值与物流量的比率，基准值100）从1992年开始一直下降，但1997年开始增加。从1997年起，公司一直在对储存饮料的临时仓库、啤酒仓库、自动仓库的增设以及新工厂的建立等问题进行尝试。现在，公司正在研究新的鲜度管理方案，打算推出新的“鲜度管理”体制，同时考虑ECR以及SCM等新概念提出的要求，准备向未来挑战。

思考讨论

1. 朝日啤酒公司为实现“鲜度管理”目标，采取了什么物流管理措施？效果如何？

2. 该公司的物流管理有哪些特点？

（参考《物流》，李炎、应可福主编，中国国际广播出版社，2007.8）

提示

1. 目标管理的特点简析。
2. 企业从上至下对目标管理的认识、组织措施。
3. 生产、销售、信息等物流运作管理的具体措施和对策。

案例1：达利的困惑

生产化工产品的达利公司由于长期以来经营不善，被东海集团公司并购重组。东海发现达利存在的主要问题是该企业的物流体系运转不佳，使企业承担了很大包袱。

1. 库存问题

化工产品的需求预测十分困难，特别是新产品或季节性产品的需求预测。从技术角度看，达利的生产计划是为库存生产。虽然，是按计划做的最小批量生产，但是，不同产品所需的生产时间差别很大，不同的质量检测也会延长生产时间。这些情况都只是用简单的高库存来解决。

2. 运输问题

在达利的常年生产过程中，始终拥有一个相当规模的运输车队，车队的任务主要是负责最终产品的运输，包括向订货单位送货和向小型客户的产品配送。根据客户的规模和订单大小，送货工作由不同的车辆完成，车队中有大型厢式货车、中型卡车，也有小型厢式货车，其管理采用多项运输效率考核指标，其中最重要的指标是尽可能达到车辆允许的最大载重量。

送货工作中，为中小客户送货占绝大部分，几乎每天都有，但是总量不大，一般以小批量送货为主。每天订货与送货情况变化很大，确定一个较高效率的固定送货路线几乎是不可能的。因此，需要采取人工的方法，确定车辆行车路线和送货顺序。

随着销售量的波动，有时车队一半以上车辆闲置在停车场，有时又需要雇用社会车辆才能满足运输需要，这使得运输成本居高不下。

3. 仓储问题

达利实行集中化的库存管理，虽然西南和中部地区有部分库存，但订单的处理主要在中心仓库进行，由中心仓库提供全系列产品，覆盖支持全国的产品需求。达利自有车队负责从工厂到仓库的运输，多是由超远距离的运输方案解决。

仓库内配备了单进深、宽通道的可调节托盘货架。货物的堆放基本按照不同客户分区存放，主要的零售商客户均有独立的产品存放区域。但常会出现一边的货架没有位置存放，而另一边却空空的情况。

4. 订单处理问题

达利设有三个销售办公室接受汇总订单，一个负责零售市场，一个负责贸易市场，还有一个负责其他产品。一些主要客户通过 EDI 线路传送订单，而其他客户则通过电话、传真、信函下达订单。许多订单对送货到达时间、送货车量的类型和大小等有特殊要求，这些要求在人工处理环节往往会出现错误。

很多主要客户会追加货物或增加订单，达利每次都要单独派车应对。用户退货相关作业也是由运输和仓储部门负责安排。

东海集团公司业务特征：一是产品类型属于化工类；二是客户订单与达利有重合之处；三是在全国有片区仓库；四是用自有运输车队和运输网络系统为企业物流服务。

思考讨论

1. 试分析：东海集团为什么对“达利”感到困惑？
2. 你有何解决方案？

（参考《现代物流报》，2008. 6. 9）

提示

1. 存在的问题表述及根本原因分析。
2. 市场管理、计划管理、组织管理、信息管理等对策。

案例 2：CN 公司物流系统简介

CN 公司是 1995 年年初组建的，是融资产经营为一体的大型流通企业集团。通过建立现代企业制度和授权经营、自负盈亏的市场经营主体。经过多年的经营，CN 公司在物流业中已经占有举足轻重的地位，成为原国家经贸委推进现代物流 34 家全国重点联系单位之一。物资集团年销售额 200 亿元，在中国物资流通百强企业中名列前茅。

CN 公司共有二级子公司 17 家，长期从事仓储、多式联运、多类型加工等业务为主的物流业务，服务范围涉及金属、燃料、化工、木材及机电产品、汽车配件、农业机械等多门类原材料及产品，并自营和代理生产、生活资料进口业务。CN 公司营销网络覆盖国内各省市，它的物流系统具备与贸易项配套的各类仓库 211 个，占地面积 230 万平方米；铁路专用线 14 条、专用码头 10 座等大批物流设施。

CN 公司物流系统的功能大致分为三个板块：采购、储存加工及销售。如图 2 - 1 所示。

通过从组织结果、人员情况、业务情况、物流基础设施等角度分析，CN 公司发现，由于本公司的物流管理未采用集成化的管理模式，各业务板块与总公司

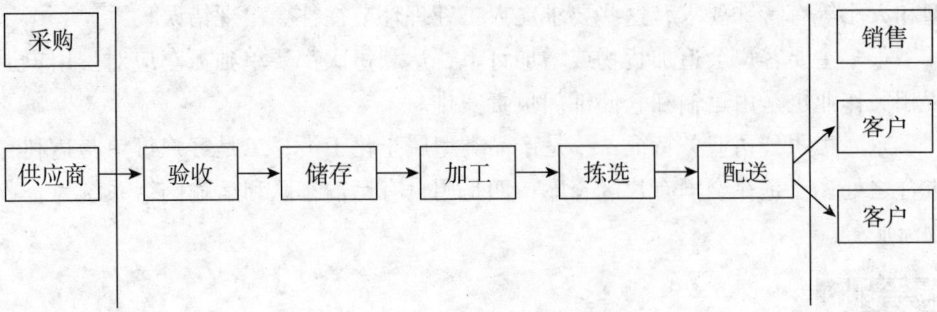

图 2-1　CN 公司物流系统功能图

之间尚未从系统优化的角度建立基于共同利益的合作伙伴关系，导致现有的物流系统的利用率低、成本高、效率低，物流综合服务能力比较差，市场竞争力不强。

主要问题有：

1. 多头管理物流，设施分散，无系统发展规划，没有形成整体优势，缺乏市场竞争力

（1）各业务板块多是以利润为中心，各行业、各系统独立发展、互相分割，相互协调配合差，有些企业甚至经营同类商品，出现集团内部的竞争。在处理物流业务时往往优先考虑自身的利益，较少考虑全公司内部储运资产的综合利用，出现独立规划物流设施的现象。

（2）储运集中管理力度不够，各单位物流管理水平参差不齐，好的管理经验无法在股份公司范围内迅速推广，使得股份公司的储运资源无法体现其整体优势，导致物流系统效率不高。资源利用率低，缺乏市场竞争力。

2. 资产利用率低，物流总成本偏高

通过获得的统计资料可以看出，现有的仓储土地的利用率普遍较低，如危险的化学品仓库的土地利用率在 20% 左右，码头的利用率不到 30%，木材公司的码头利用率只有 33%。因历史原因形成的储运资产质量不高、资产闲置，加上人工成本高，使 CN 公司的物流总成本居高不下，不仅影响了各储运单位的经济效益，也造成了股份公司的储运资产减值。

3. 物流基础设施陈旧、物流技术落后，有效投入不足，物流综合服务能力比较差

CN 公司的仓储设施比较陈旧，许多仓库是 20 世纪五六十年代的产物。公司在物流运作方式上还停留在传统的储运阶段，尚未形成现代的物流运作模式，作业技术含量低，特别是现代化储运装备投入不足。在物流信息系统建设上，投入较小。仓库的自动化、机械化程度低，多数工作有仓库保管员手工操作。所有商品的入库、出库，依赖于仓库保管人员的手工台账，少数企业拥有简单的订单仓

储管理系统。自动化和信息化尚未涉足库存管理，工作手段原始，导致工作效率低下。储运单位综合物流服务能力差。

4. 人员结构与技能素质同现代物流的要求差距较大

CN储运系统人员年龄结构、知识结构与现代物流的要求存在相当大的差距。例如市楠木采供站40岁以上的员工占95%以上，年龄的老化现象严重。而且储运工人中技术工人所占的比例较少，管理人员文化程度偏低。

5. 拓展业务面临资金问题

现有的物流设施虽然比较完备，但如果想进一步为公司的贸易销售提供更有力的支持，甚至利用已有的物流能力为社会服务，则需要投入大量的资金，进行物流中心的建立、物流设施的改造和物流信息系统的建设，这会带来融资问题。

思考讨论

1. 试对CN公司的外部环境和内部条件进行物流系统整合的可行性分析以及SMOT（优、劣、机遇、威胁）分析。

2. 试编制CN公司的物流项目计划书。

3. CN公司新的物流系统设计方案要点是什么？

（参考《现代物流导论》，黄培主编，机械工业出版社，2005.8）

提示

1. 公司的组织、资源和业务板块现状与问题分析。

2. 利用特长和优势资源，供应链管理，整合资源模块，集中发展核心竞争力。

3. 粗线条分阶段实施计划建议。

案例3：正在退色的多彩物流

多彩涂料公司（以下简称多彩）的老王很高兴今天能给客户运送涂料，因为销售量的下降，多彩自有运输车队的任务量也直线下降，每个司机也只能排队等候运输任务。

多彩公司的总经理锦阳清楚地知道，必须要改进公司的发展战略，包括多彩曾经具有优势的物流战略。在2004年年初之前的10年中，多彩公司取得了令人瞩目的成就。应该说，最初高效的物流系统功不可没，是它让多彩公司在控制成本和提高服务两方面都取得了很好的效益。多彩原有的成绩是在专业装修市场和为大型零售商生产自有品牌涂料方面取得的。然而，公司利润出现下降趋势，有必要重新确定公司总体战略和物流战略以保证公司在较低的物流总成本条件下，快速增长势头得到恢复。

一、销售渠道和产品

锦阳在涂料市场拼搏多年，经历了一系列的收购和兼并，多彩终于从地区性企业发展成为经营范围遍及全国、具有规模的企业。但是，涂料的零售渠道亦有所变化，传统的专业涂料或五金商店的销售量不断地下降，大城市的家居装饰连锁店和大型的超级市场的销售量开始上升，而且出现了著名品牌涂料与自有品牌涂料的竞争。

多彩的产品包括若干不同的系列，除了涂料以外，还有绷带、密封剂、黏合剂等。因此，多彩公司的库存种类、数量相当大。同时，多彩还必须购买更多品类的原材料保证正常的生产。多彩生产的自有品牌不仅供应大型超市，也供应小型地区零售商。

二、战略规划

锦阳在近期公司召开的高层会议上提出：多彩需要重新调整战略规划。因为向家居装饰连锁店和大型超级市场供应涂料，促使多彩建立了为这一业务服务的独立物流系统。然而在这一市场上的经营并非全无风险。2004 年连锁店市场萎缩就造成了多彩公司销售和利润的下降，而且要维护独立的物流系统，还要支付昂贵的费用。由于连锁店将自有品牌涂料的价格调低，而且对品牌涂料进行了一系列的促销活动，对多彩自有品牌造成了很大的影响。当这些连锁店收购其他连锁店时，就可能造成多彩公司业务的丢失。与此相反，在地区零售市场上，多彩维持了一定的销售量与物流系统的高成本不无关系。多彩提供了非常广泛的产品系列，而且，要向不断扩展的多彩中心网络提供服务，还要满足数百个建筑商、装修商、批发商以及其他专业用户大量的小批量配送需求。高成本的物流服务带来了相对稳定的销售量。很明显，无论哪一种情况，公司的物流战略都要改变，这不仅是公司发展战略的要求，也是企业在市场存活下去的关键。

三、生产物流环节

1. *以高库存为核心的生产计划*

涂料行业的需求预测是十分困难的，特别是对新产品或季节性产品的需求。从技术角度看，多彩公司的生产计划是为库存生产，目前，多彩采用特殊的管理方法可以在一定程度做到对订单的及时响应，从而满足客户服务的要求。在联网系统中保存库存信息和订单信息，就可以随时计算出每种产品品类现有的可动用的库存数量。随后再根据前四周的平均需求数量就可以计算出库存的供应能力。在必要的时候，还需要依据专家的意见修改计算结果，如在销售高峰到来之前，通常需要安排额外的生产数量，以适当增加库存满足销售需要。在每周的生产计划编制过程开始时，计算机先把自动库存中不能保证预定供应时间的商品筛选出来，然后根据总生产成本最小的原则提出生产批量建议。随后各产品品类的生产批量被输入到生产安排中。具体的生产计划和生产设备的安排是由人工确定的。当每周生产计划开始执行后，每天还要对所有产品的生产、库存、销售状况进行监控，一旦需要就可以进行人工干预。锦阳很清楚，计划做出来的最小批量生产，实际还是使用高库存量满足顾客的订货要求。而且不同的产品需要的生产时间差别很大，不同的质量检测也会延长生产时间。这些情况只是用简单的用高库存来解决。

2. 庞大的自有运输系统

多彩拥有一个具有相当规模的运输车队，车队的任务是负责最终产品的运输，包括向连锁店和超市以及地区零售市场和其他许多小型客户的产品配送。根据客户的规模和订单的大小，配送工作由不同的车辆完成。车队有大型的拖挂车、中型的卡车，也有小型厢式货车，其管理采用多项运输效率考核指标，其中最重要的指标是尽可能达到车辆允许的最大载重量。

某些超市要求多彩直接将产品送到商店，有的则要求送货到地区性或全国性的配送中心仓库。与此不同的是，为贸易市场客户以及小型零售商送货通常是以小批量送货为主，每天的订货与送货变化很大。因此确定一个较高效率的固定送货路线几乎是不可能的。每天都要据可用车辆情况，采用人工的方法确定车辆的行车路线和送货顺序。多彩的车队也负责产品从工厂到其中心仓库的运输。在需求高峰的时候车队会额外地租用车辆满足需求。销售量的波动造成车队有时一半以上车辆闲置在停车场，有时又要雇用社会车辆才能满足运输要求。这是运输成本居高不下的原因之一。

3. 脆弱的仓储与库存管理

多彩实行集中化的库存管理，订单的处理也在中心仓库进行。虽然东北地区和西北地区也有部分库存，但没有建立地区仓库网络。中心仓库提供全系列产品。多彩使用自有车队负责从工厂到自有仓库的运输，而外部供应商也提供其他许多产品。但全国只有一个中心仓库，要支持全国的产品需求，只能使用超远距离的运输方案解决。

业务量以及库存品种的不断增长给仓库带来了巨大的压力，不久前仓库进行了扩建，仓库内配备了单进深、宽通道的可调节托盘货架。货物的堆放基本按照不同客户分区存放，主要的零售商客户均有独立的产品存放区域。然而看起来是为客户量身定做的仓储系统，因顾客的仓储设备不能通用，经常出现一边货架没有位置存放产品，而另一边却空空的情况。

4. 变动的订单处理

多彩在中心仓库设有三个销售办公室接受汇总订单，一个负责零售市场，一个负责贸易市场，还有一个负责其他产品。连锁店和超市等一些主要客户与多彩通过 EDI 线路传送订单，而其他客户，则可以通过电话、传真、信函或多彩的销售代表下达订单。许多订单对送货到达时间、送货车量的类型和大小等有特殊要求，这些要求如果不经过 EDI 传输，在人工处理环节往往出现错误。

另外，很多主要客户会追加货物或增加订货，多彩每次都要单独派车应对。用户退货的相关作业也是由运输和仓储部门负责安排。

对于多彩以后的物流战略发展方向，虽然连锁店和超市的配送业务，特别是一些超市实行了集中化库存管理，为多彩公司的物流运作打下了基础，但是对少数客户的高度依赖也仍然可能带来战略上的风险。现在锦阳面临的问题也许比它在创业初期所经历的困难还要大，因为这些问题已经不再是靠不计后果勇往直前的劲头就能解决的了，必须使物流战略强力支撑产品的生产和销售，而且还要尽可能地降低成本。

思考讨论

1. 多彩物流为什么会“退色”？物流成本为什么会居高不下？
2. 有何措施可以解决？

（参考《中国物流与采购》，2008（21））

提示

1. 多彩公司的现状描述，如物流网络、信息技术、库存、效益、仓库、客服接单等。
2. 问题症结分析与战略调整建议。

案例 4：逼出来的自我开发能力

周一，新的一周开始了。刘部长一早来到办公室，简单安排工作之后，开始了上周就已经安排好的与几个部门关于公司信息系统模块设计的共同会议，其目的是进一步改进公司的物流信息系统。说到物流信息系统，这是很令安得公司（以下简称安得）人骄傲的，但这也经历了一段艰辛的历程。

一、艰辛的历程

安得成立之初，主要依托美的集团进行业务拓展，产品主要是仓储托管和公路运输，由于业务开展迅猛，马上就面临到以下问题：信息传递过程太慢，不能按客户要求进行送货；没有好的监控手段，管理部分失控；信息传递容易失真，造成大量操作错误；无法对管理的资产状况有实时的情报，造成大量的错单；工作效率低下，人员膨胀，成本控制难度加大。

于是，公司开始寻找物流软件开发商准备上线物流信息管理系统，经过将近一年的努力，该系统终于投入运行使用，但是由于业务变化太快，原来的需求与现实的业务管理存在一定的差距，公司不得不花很大的力气进行修改完善，终于保证了基本的业务管理，但是很快发现财务管理、经营分析、数据加工等方面的功能与实际不断变化的业务需求差异越来越大，该系统基本上就只能做简单的仓储、运输的记账功能了，信息系统远远满足不了业务和管理的要求。

为此，在2002年年底，安得决定升级信息系统，再次寻找物流软件开发商。因为外界基本上找不到类似的管理软件产品，经过反复筛选，最终决定了国内一家著名的软件开发商为安得开发信息系统。但由于第三方物流是一个全新的行业，加上安得的业务十分复杂，定制化程度很高，经过近一年的需求调研与开发，该项目最终还是失败了。

安得是网络化实体运作，100多个运作网点遍布全国，信息系统的应用就是安得的命脉，同时，经过第一版信息系统的“洗礼”，安得人在IT信息基础建设方面有一定的经验。在这种环境下，安得决定自己组建开发团队，开发自己需要的系统。从那时起，安得便踏上了“我的系统我做主”的征程。

二、自主开发

自主开发信息系统，适用性程度是最高的，但安得不是专业的软件公司，开发与实施这样一套大型信息系统，实际上需要公司投入的资源还是非常多的，开发团队的组建、软件的开发与维护费用、网络组建、员工培训、服务器及电脑资源购置等，如果没有好好控制，都有可能造成项目无法完成。在自主开发信息系统的过程中，安得也有了一些心得。

首先，信息系统的开发必须有公司高层的充分支持。软件是一个管理思想的载体，系统中体现的管理思想是公司现有管理思想的总结与提升。高层所具备的业务前瞻性是技术人员无可比拟的，一个有高层参与开发的系统，才会与企业的发展相适应。在这一点上，安得的高层领导也是很具有前瞻性的，而且做得很好。

其次，信息系统的开发是一个长期的过程，需要全公司人的紧密配合。在系统开发初期，公司内形成一个良好的信息技术应用基础，通过电脑、网络的配备，推行电脑办公等，促进了信息技术应用环境的形成。同时，规范公司的运作流程与管理。信息系统应用实际上就是将公司的规范与管理采用另外一种形式要求大家遵照执行，如果没有规范的流程与管理，软件开发和实施的进度将大大延迟于预期，而且效果也不好。

最后，系统开发，应以框架为基础，整体设计、分步开发、分步实施。信息系统采用的技术框架决定整个系统的性能、扩展性、灵活性等。技术框架应该在系统正式开发之前确定，最好是一个在类似项目中验证过的框架。在开发信息系统时，与公司的发展阶段相结合，首先解决公司迫切需要解决的问题，如信息流和资金流的问题；然后再考虑监控点、决策分析、客户服务、计划管理等方面。系统开发采用模块化方式，开发完成一个模块，再实施一个模块。避免求大求全，软件以用为本，片面追求功能全面或者技术先进，会带来投资浪费、项目周期加长、系统复杂性增加、应用性降低、实施难度增大等问题。

再就是利用财务控制业务流程。物流信息系统的核心是资金流、信息流和物流的“三流统一”的管理。在系统实施过程中常遇到这样的问题：如何保证系统运作的各个环节能按规定及时进行数据的录入与操作？这点起初看起来好像可以通过制度规范进行，但是实际实施过程中往往不是那么简单。物流业务在发生过程中，总是涉及资金与费用，如果将资金进行一个有效的控制，则系统中就会有一只无形的“手”在催促各环节按规定进行操作，这就是系统的驱动力，保证系统即使脱离制度规范仍然可以自动进行。与此同时，资金流的管理不只是形成一只无形的“手”，它对于公司经营的分析具有更重要的意义，也是公司责任制考核与管理的一个重要依据。

最重要的一点是，公司要充分认识到企业信息化的长期性。信息系统的开发不可能一步到位，不是说做完一个项目就完事，必须持续改进，这也是安得公司选择自主开发的一个重要原因。系统应用的程度基本上可以反映公司的管理能力高低，系统的发展历程也基本上可以反映公司管理发展的历程。当信息系统成为公司核心控制与管理手段的时候，系统的维护、升级是需要不断持续进行的，因为管理总是不断提升的，系统的需求也会随着系统的应用不断提出，这要求公司必须有长期投入的打算，不是说项目完了，就可以缩减人员甚至解散项目团队。

2004 年 7 月份，公司自主研发、具有自主知识产权的安得物流供应链管理信息系统（ALIS2.0）的第一个模块——仓储系统正式上线。至今已经有订单系统、运输系统、配送系统、财务系统、人力资源系统、合同管理、保险管理、接口系统、决策分析、计划管理等多个模块先后上线启用，为公司持续发展发挥着不可估量的作用。同时，采用自主开发的模式，直接为公司节省 100 多万的软件费用。

思考讨论

1. 企业自主开发信息系统的程序怎样？
2. 随着公司业务的扩展，安得又发现了一些新的问题：

（1）公司业务快速发展，对于管理的精细化提出了更高的要求，开发的工作量十分巨大，是继续扩充开发团队，还是采用外包的方式？

（2）系统的完善催生了管理创新的层出不穷，新的管理思路和方法已经对现有的系统结构产生了影响，系统的升级换代已经面临了越来越大的压力，下一步如何抉择？

（3）公司在业务结构方面已经在悄然发生变化，新的业务模式在不断涌现，如何才能保证系统的更新跟得上业务和管理发展的需要？

（参考《中国物流与采购》，2007（11））

提示

1. 核心竞争力内涵。安得企业的核心竞争力是什么？
2. 结合企业实力或优势、发展战略等，自主开发与外包利弊分析。

案例5：并购后的混乱

连发超市是一家以经营超市为主的企业，最近并购了一家以经营便利店为主的企业，面临着并购后新的难题。

并购前连发超市、福华便利的情况：

连发超市，总部下管200家超市门店（门店面积在200～1 000平方米），分别位于本市及周边地区，距总部200米设有配送中心，有300家供应商。总部有2台服务器、10台工作站，门店后台有一台PC机为系统后台，POS机145个。操作系统Window NT，数据库SQL Server，现有的进销存系统是购买的某专业软件公司现有的软件。以手工方式与供应商订货和日常管理。

福华便利，总部下管100家便利门店（门店面积在100平方米以内），散布在本市市区，总部后院设有配送中心，有200家供应商。总部有1台服务器、6台工作站，门店各有PC机和POS机一台。操作系统Window NT，数据库SQL Server，现有的进销存系统为几年前采购的某软件，近年自行二次开发维护。以手工方式与供应商订货和日常管理。

小马是连发超市公司采购部的一名采购主管。“你好，采购部吗？我这是彩虹路便利店，我们这之前要了10箱百事可乐，怎么给我们送来了10箱可口可乐？我们的百事可乐都断货好几天了。”“哦，你等一下，我只负责超市的采购，我找管便利店采购的人回答你。”小马放下电话去找另外一名同事……

连发公司近期企业出于发展需要，并购了福华便利店有限公司（有100家店）。虽说成立了集团公司，超市和便利店两块仍保持各自业务系统的相对独立运作，两套采购人马目前坐在一个办公室里办公。

小马感到最近这种拿错单子、送错货、送错地方等现象经常出现。不仅下面的门店怨声载道，供应商也常打电话来抱怨。而超市和便利店两块业务中有相当的供应商重合，各自采用不同的采购、结算和管理方式来开展工作，明明是一家供货商却要分别跟负责超市和便利店采购的人员打交道，不仅造成资源浪费，也不利于他们内部数据的汇总和共享；而且是用传真、电话这样的传统方式。沟通慢、信息不准确，工作效率不高，物流周转慢。小马担心这样下去，公司在供应商中的形象和品牌美誉度会日渐降低。对集团而言，在这样的网状沟通体系中，往返单据的纸张成本、电话、传真成本越来越大，效率低，一片忙乱，与供应商日常沟通效率低，如集团要发一个公文或通知给所有供应商，只能逐家地发传真，挨个地确认，而且集团需相当人力来处理与供应商的日常沟通与协调问题。由于有两套采购人马，不仅浪费资源，而且对两大块业务数据的汇总和统一分析造成人为割裂；订货环节有多种不同的订货要货模型（总部发起订货、门店发起要货、供应商发起订货、第三方物流发起订货），这么多订货模型都通过人工管理来协调实现的难度将不可想象，订货要货的精细化管理无从开展；财务部门每到财务集中付款日，门口就排起长队，公司每月要抽出相当人力和时间来应付接待。

对供应商而言，供应商有意见和建议返回，只能向集团管理部打电话或发传真，与连发公司进行对账，供应商要定期拿单据来与公司总部财务对账，要不断打电话问何时付款，还需在财务集中付款日到总部办理款项，要在公司总部财务部门口排很长时间的队，既麻烦又费时。

小马感到内部迫切需要一个统一的平台，对内部分散的资源进行整合，对外部需要一套统一的“语言”。但是具体如何去实现，是先做供应商的管理平台，还是先做业务系统的整合，还是两者同时做？一向爱动脑筋、关心企业发展的小马心里没底，觉得需要与集团的 IT 负责人好好谈谈。

（《AMT 前沿论丛》，2008 年第 10 期）

思考讨论

1. 该企业并购后出现的混乱问题是什么？由哪些原因造成的？
2. 小马认为的“统一平台”内容是什么？提出实施建议。

提示

1. 并购成败的关键：资源整合。
2. 并购后存在的问题分析、关键问题与原因分析。
3. 组织、业务板块重组，流程再造，扬长避短，讲究策略。

第三章
物流组织形式与管理

实例1：第三方物流使美的物畅其流

安得物流相对于广东顺德美的集团来讲，对于很多人来说还是比较陌生的。物流行业较强的针对性、服务客户的不同使安得“润物细无声”。其实与海尔相同，在1999年年末，美的集团就把物流放到了战略位置上。如果说海尔是把物流作为降低成本的机器，美的集团则把物流作为一个赚钱机器。2000年1月美的集团通过控股成立了安得物流公司，把物流业务剥离出来。安得物流公司作为美的集团一个独立的事业部，成为美的其他产品事业部的第三方物流公司，同时也作为专业物流公司向外发展业务。美的集团安得物流公司副总经理卢立新说，美的其他事业部可以使用安得物流，但是也可以选择其他的物流公司。

在过去的两年里，安得贯彻了自己的发展方向：制造企业销售物流集成服务商。供应链技术顾问专家，借助美的销售网络，不断地接纳新的“血液”，2002年，安得已同TCL、神州数码、方正、实达、熊猫、乐华、海螺建立了战略合作伙伴关系。

全国一体化的仓储体系是安得物流的骨架。安得目前在全国建设了四大仓储中心：顺德、杭州、郑州、芜湖，全部实现信息化管理，实行“一票到底”的管理模式。管理遍布全国的100多个仓库，以基于internet的信息系统进行高效的信息互动管理。建立了顺德、南京、西安、北京、上海等十个物流中心，因为美的给予安得的是物流整体费用，这个成本一旦签订就不可更改，所以安得必须对美的的仓库资源、运输资源、配送资源相当了解，这样才能取得利润。

由于跟随美的，使得安得在68个城市设立了业务网点，就是由于这些网点，让众多需要将物流外包的企业选择了安得。

安得的物流流程为：

（1）安得可以提供企业在全国各地的整体仓储情况、在途情况，使企业总部随时掌握自己的物流状况。同时，安得通过ALIS系统提供24小时详细在线报告。

（2）安得可以将不同客户的货物拼装运输，这样大量地节省了运输成本。

（3）在区域物流中心，安得可以自如地调配仓储资源，使6、7、8月份空调，同2、5、10月份的彩电、5~10月份的海螺型材充分调配。安得可以大规模投资，进行仓库的更新改造，提高货架、叉车、托盘等工具的使用率。

（4）美的每个区域配送中心管理不同的部门：空调事业部、家电事业部、厨具事业部，对于他们的物流以市场为参照，对于每次的运输或配送报价都要由事业部来审核，所以安得充分利用社会资源，寻找最低、最合理的价格，并使其运输体系向社会公开。

美的集团安得物流公司成立之初，反对的人不少，其中有专家，有同行，也包括美的集团内部高层人员。因为他们认为美的擅长的是做家电，物流属于非核心业务。安得也曾经犯过急功近利的错误，想“空手套狼”，但最终没有误入歧途，而是在网络建设和信息系统管理方面夯实了安得物流前进的基础。

思考讨论

1. 分析美的安得物流的价值所在，并谈谈它与海尔自营物流不同点。
2. 怎样进行外包战略决策分析？如何看待外包面临的风险？

（参考《现代物流管理案例集》，蒋长兵主编，中国物资出版社，2005.1）

提示

1. 物流企业几种组织形式分析。安得物流的运作特点。
2. 企业自营物流或外包物流条件分析。

实例2：布鲁克林酿酒厂的物流成本管理

一、基本情况

布鲁克林酿酒厂在美国分销布鲁克林拉格和布郎淡色啤酒，并且已经经营了3年。虽然在美国还没有成为国家名牌，但在日本市场却已创建了一个每年200亿美元的市面。Taiyo资源有限公司是Taiyo石油公司的一家国际附属企业。在这个公司的Keiji Miyanmoto访问布鲁克林酿酒厂之前，该酿酒厂还没有立即将其啤酒出口到日本的计划。Miyanmoto认为，日本消费者会喜欢这种啤酒，并说服布鲁克林酿酒厂与Hiroyo贸易公司会面，讨论在日本的营销业务。Hiroyo贸易公司建议布鲁克林酿酒厂将啤酒航运到日本，并通过广告宣传其进口啤酒具有独一无二的新鲜度。这是一个营销战略，也是一种物流作业，因为高成本使得目前还没有其他酿酒厂通过航空将啤酒出口到日本。

二、物流成本管理

（1）布鲁克林酿酒厂运输成本的控制。布鲁克林酿酒厂于1987年11月装运了它的第一箱布鲁克林拉格到达日本，并在最初的几个月里使用了各种航空承运人。最后，日本金刚砂航空公司被选为布鲁克林酿酒厂唯一的航空承运人。金刚砂公司之所以被选中，是因为它向布鲁克林酿酒厂提供了增值服务。金刚砂公司在其J. F. K. 国际机场的终点站交付啤酒，并在飞往东京商航上安排运输，金刚砂公司通过其日本报关行办理清关手续。这些服务有助于保证产品完全符合新鲜要求。

（2）布鲁克林酿酒厂物流时间与价格的控制。啤酒之所以能达到新鲜要求，是因为这样的物流作业可以在啤酒酿造后的1周内将啤酒从酿酒厂直接运达顾客手中，而海外装运啤酒的平均订货周期为40天。新鲜的啤酒能够超过一般价值定价，高于海运装运的啤酒价格的5倍。虽然布鲁克林拉格在美国是一种平均价位的啤酒，但在日本，它是一种溢价产品，获得了极高的利润。

（3）布鲁克林酿酒厂包装成本控制。布鲁克林酿酒厂将改变包装，通过装运小桶装啤酒而不是瓶装啤酒来降低运输成本。虽然小桶重量与瓶装啤酒的相等，但减少了玻璃破碎而使啤酒损毁的机会。此外，小桶啤酒对保护性包装的要求也比较低，这将进一步降低装运成本。

三、成效

1988年，即其进入日本市场的第一年，布鲁克林酿酒厂取得了50万美元的销售额。1989年销售额增加到100万美元，而1990年则为130万美元，其出口总量占布鲁克林酿酒厂总销售额的10%。

思考讨论

1. 布鲁克林酿酒厂企业物流成本管理有什么特点？
2. 你从中受到哪些启示？

（参考《中外物流运作案例集》，中国物资出版社，2006. 5）

提示

1. 酒厂的市场营销目标与物流管理指导思想分析。
2. 酒厂啤酒销售的盈利途径有哪些？

3. “效益背反”理论与精细化降低物流成本的具体措施分析。

案例1：太极集团物流现状与问题

一、导言

随着经济体制改革的不断深化、改革开放的不断扩大及入世的成功，我国物流业面临着前所未有的发展机遇和竞争挑战。目前，从中央到各级地方政府已经充分认识到物流业在现代经济中的重要地位和作用，并明确提出将现代物流作为国民经济发展的重要产业和新的经济增长点。许多市场意识敏锐的企业，亦把物流作为提高市场竞争能力和提升企业竞争力的重要手段，并把现代物流理念、先进的物流技术和现代经营模式引入企业经营与管理之中。

随着企业装备水平的提高，特别是采用计算机控制生产流程，在生产企业制造领域人为降低成本的空间越来越小，而在材料的采购、存储和货物配送等物流环节，却有着相当大的降低成本的空间。企业物流是企业生产与经营的组成部分，是企业管理工作的重要内容之一，也是社会大物流的基础。

因此，对于太极集团企业，将太极集团建成中国一流的中药制药企业，发展太极企业物流，把物流工作放在提高企业竞争力的战略高度具有重要的现实意义。

二、太极集团的物流现状

太极集团是以中成药研制、生产及销售为主的企业，目前已发展成为中国西部地区知名的中药制药企业，在全国中药制药行业也已名列前茅。为了降低物流成本，促进市场销售，提高经济效益，加快企业发展，在物流各环节已先后做了不同程度的改进和调整，也取得了显著的成效，但仍存在着诸多的问题，制约着企业的发展。主要表现在以下几个方面。

1. 企业内部物流管理职能分散、相互独立

集团内部的物流活动分别由供应总公司、储运总公司、内务部、办事处四大职能部门共同完成。其中供应总公司负责各生产厂原材料和包装的采购；储运总公司管理仓库及车辆，负责将各生产厂的产品统一运送至公司在重庆摊子口的仓库；内务部调度科负责统计、整理办事处的要货数量及各生产厂的生产计划下达；货运科负责将企业内部各仓库的货物通过火车、轮船、飞机调拨至全国25个办事处；各办事处负责货物的接收和储存，并根据市场需求及时将货物送达各客户仓库，同时将污染药品组织运送回重庆滩子口仓库或生产厂。

上述四大职能部门各司其责，相互独立，部门之间缺少沟通和衔接，致使物流信息、物流资源不能共享，造成物流过程延长，从而增加了物流成本。

2. 存货较多，资金占压较大

集团的成品仓库分三个层次，一是各生产厂的仓库（有近10个生产厂），二是滩子口中转仓库，三是办事处仓库。各仓库随时保持着一定数量的库存，从而形成存货量大，资金占用多的问题，降低了资金周转的灵活性。

3. 企业物流活动自营比重较大

集团内部各生产厂都有自己的仓库和车队，从生产厂仓库转运至滩子口仓库及直接发往经销单位的货物大部分由各生产厂自备车完成，因而车辆空返率极大。各办事处为了完成各自的收、发货等服务职能，皆配备有6～9名工作人员，1～2部自备车。在当地租赁仓库，有的代保管，也有自保管。货物运输大部分由合同运输单位完成。大量的自备运力和自备仓储，特别是遍布全国各地的25个办事处，占用了企业的大量资源，增大了企业物流费用，同时也分散了企业集中主业生产经营的精力。

4. 物流信息技术落后

集团内部各物流职能部门、物流环节及物流数据，较大部分仍采用传统手工作业，误差较大，效率很低，与快速发展的信息时代极不相符。

思考讨论

1. 太极集团的物流现状是怎样的，四大职能部门共同管理物流运作是否合理？为什么？
2. 太极集团的自营物流管理模式有何弊端？
3. 请为太极设计一个较为合理的物流运作方案。

（参考《现代物流管理案例集》，蒋长兵主编，中国物资出版社，2005.1）

提示

1. 传统企业物流的特点。太极集团物流现状与存在问题。
2. 现代企业物流特点。我国工商企业物流发展趋势。
3. 太极物流存在问题的原因分析与对策。

案例2：圣安医院的采购策略

哈尔·沃金斯是圣安医院的采购主任，准备为一次性外科手术巾选家供应商。圣安医院的两个供应商都认为这份合同会落在他们手中，而哈尔也不知道应该如何处理。

一、圣安医院

圣安医院是一家国办的教学医院，拥有 24 间手术室和 910 张病床。在过去 10 年中，同大多数医院一样，圣安医院也大幅度地削减了预算，但是仍有较大的财务压力。

为了对财务成本加以控制，医院限制并制定了外科医生每年的手术费用预算，用以支付人员工资以及设备和医疗用品的费用。这项政策极大地引起了医生们对成本的关注，因为一旦预算用完后，他们就无法再进行手术，因此也就不会赚到任何佣金。

二、采购

采购部门共有 15 人，职责是购买医院所有的医疗和非医疗用品。每年手术用的物品价值达 150 万美元，其中大约价值 80 万美元的用品从泰勒医疗用品公司采购，50 万美元的用品从阿尔法产品公司采购，其余的用品由另外两家医疗产品供应商提供。

在选择医疗用品时圣安医院依据两种评价：有关医护人员的临床评价以及采购部门的财务评价。从传统上说，临床评价在采购决策中起主要作用。如果医生想要某种产品，采购部门就订购这种产品。在这种体制下，医院分别从大量供应商中采购相对较少的数量。

但是现在由于预算紧缩，情况发生了变化，圣安医院已经使用了《主要供应商协议》。与阿尔法公司的协议两个月前到期，并且已经进行了重新谈判；与泰勒公司则又续约四年。在这些协议的规定条款下，在购买协议中规定的产品时，供货商将提供 1.5% ~2% 的数量折扣；而作为交换条件，供应商将享有这些产品的优先或独家供货权。

由于订货是靠数量来获取折扣的。采购部门不得不说服医生们使用协议中规定的产品，而不是像以前那样使用他们所选择的产品。采购部门实现这一做法是通过将折扣的金额返还到医生的手术预算中，这样，医生可以把这些钱用在其他方面（人员工资除外）。

三、一次性手术巾

手术巾是在手术中用来遮盖病人的。它是很大的一块布。在某些地方剪掉一小块（切口），以便在那里进行外科手术。过去，圣安医院一直使用重复可用的麻布巾，但现在觉得用最新开发的一次性手术巾可能会节约成本。

尽管财务分析对一次性手术巾很有利，但最终决定前还必须进行临床评价，圣安医院决定对阿尔法产品公司的一次性手术巾进行试验。

临床评价也对此给予肯定，所以圣安医院决定转用一次手术巾。这时，医院通过市场招标来决定哪个公司能获得这份价值40万美元的合同。虽然圣安医院在选择阿尔法公司的手术巾做实验时，并没有明确表明会从他们那里进货，但阿尔法公司还是对圣安医院公开招标的做法很不满意。他们认为，既然他们的产品在临床评价中效果满意，他们就应该得到这份合同。

在哈尔·沃金斯六个月前就任采购经理时，招标已经过去两个月，但仍然没有确定谁中标。他的第一个任务就是检查一次性手术巾的物料、审查《主要供货商协议》，并且评价投标公司。哈尔发现泰勒公司的投标价比较低，并且觉得他们的产品临床上也可以接受，所以应该被选中。四个月前，他征得手术部门主管人员的同意，对泰勒公司的产品进行为期三个月的试用。

对泰勒公司产品的评价喜忧参半，它满足了手术巾的最基本的要求，能够盖住病人而且切口的位置也比较合适。可是护理人员更愿意用阿尔法公司的产品。他们觉得阿尔法公司的产品更容易展开；而且他们认为泰勒公司的产品切口处经常破裂，从而使无菌区域受到损害，所以他们经常扔掉这种手术巾。

哈尔接到了阿尔法公司新修改的《主要供货商协议》的最后条款，阿尔法公司的折扣已经做了很大的让步。在新的条款下，尽管阿尔法公司对一次性手术巾合同的投标价格仍然比泰勒公司高出5%，但它看起来却更有竞争力。

四、哈尔的困境

哈尔不知道该怎样做。在这个阶段出现这条新信息，他感到很难做出决策。在原来投标的基础上，尽管医护人员偏爱阿尔法公司的产品，但泰勒公司显然会获胜，因为价格的差别实在太大。而且，泰勒公司已经知道试用的结果，由于其产品能以低得多的价格满足要求的规格，所以他们期望得到这份合同。

另外，由于阿尔法公司已经提出了新的《主要供货商协议》，因此，也更有能力在这一产品上同泰勒公司竞争。哈尔知道，医护人员希望选用他们偏爱的产品，这确实是一个很大的压力。

哈尔就任采购部主任已经六个月了。他上任时没解决的大多数问题，现在都已经解决。哈尔迫切希望这个问题也能得到解决，他知道，阿尔法和泰勒公司都期待着很快从他这里听到好消息。

思考讨论

1. 为什么供应商都认为他们应得到这份合同？采购管理有何改进之处？
2. 当前应如何处理这些问题？主要理由是什么？主要应对措施是什么？

3. 尽管哈尔为难，但圣安医院好像获得了好处，你如何看待这件事？

（参考《现代物流管理案例集》，蒋长兵主编，中国物资出版社，2005.1）

提示

1. 对采购商而言，供应商选择的原则和主要指标有哪些？
2. 采购的基本方式和程序分析。
3. 哈尔困惑原因分析，你有何建议？

案例3：并购后的烦恼

并购，就是合并与收购，并购以后对各种资源的有效整合，将成为更强竞争优势产生的关键。

向明有限公司（以下简称向明）的副总裁袁国在公司新一轮并购结束后，工作更加忙了。向明是一家在全国主要城市都设有零售连锁店的商业零售公司，近几年由于各地连锁店销售额的上升，加上要应对国外零售巨头们在中国的扩张行为，向明的高层决定采用并购的方式扩大企业经营规模。很快地，向明便确定了并购对象：一家同样为在全国设有零售连锁店的零售公司。

向明想通过这次并购改变人们心目中定位的高端形象，让工薪阶层成为公司另一个客户群体，而且要将两家拥有的资源和实力合在一起，使其能够比各自独立发展产生更强的竞争优势。并购后的内部和外部的整合、管理成为袁国的主要工作内容。

一、第一块“短板”

向明尽管实施了包括月度能力测评、干部轮岗连续性、员工培训状态跟踪表、可视化管理法等精细化管理，但该公司设在全国各地的配送中心总是积压大量待售商品，各连锁商店无法拿出准确的销售计划。如对一些商品没有详细的库存统计，也不能实时汇总，只能到月底统计。销售计划是根据公司销售目标来定的，而不是通过渠道的反馈，与实际销售偏差较大。由于销售计划不准确，与供应商订货就缺乏计算依据，订货和销售不能配合紧密。

袁国认为，并购后的向明业务主要存在以下四个问题。

第一，业务运营。随着并购后业务的迅速发展，内部交易成本随之加大，但控制力度随着管理链条的延伸却逐渐弱化；而且新并购后的那家公司，管理链条随着业务越拉越长，内部管理幅度增大，各个部门间的协同困难重重。

第二，财务模式。由于在财务上仍采用集中管理的模式，财务部门要对所有部门和活动的财务管理负责，致使财务审批反应慢，其代价要么是增加了业务部门的等待时间，从而可能导致业务机会的丧失；要么是财务管理不得不采取较为松散的方式，导致财务风险增大。内部交易成本增加，导致内部决策和反应速度减缓，已经影响到公司“超速成长，快速反应”的发展战略。

第三，协调手段。新并购的公司与各连锁店、供应商的协同手段明显不足。被并购的那一家公司采用的是各连锁店与供应商直接沟通的方式，而向明则采用总部汇总连锁店的订货信息，再集中反馈到供应商的方式。

第四，供应商管理。让袁国尤其不能安心的是，并购的公司对供应商还没有达到锁定的程度。缘于提供给渠道成员的利益较为单一，目前仅限于单纯的“价格差”，而这种以货币价值为核心的渠道吸引手段极易被竞争对手复制，渠道成员在竞争对手高额利益的诱导下可能会转移。能够增加供应商价值的手段较少，除了现有的培训、协助制订市场营销计划等外，其他重要的手段如人力资源规划、市场调查、企业战略规划、现代化管理手段应用等能够有效增加经销商价值的服务尚未提供。另一个重要原因是对外部资源的整合缺乏一个平台，使得诸多有价值的服务，要么因为缺乏相应的工具而无法提供（如在线结算、在线物流、实时订单跟踪等能够有效提供渠道价值的服务），要么因为缺乏集中服务的平台而仅限于非正式、个案式的服务方式。

二、多店的烦恼

由于向明与并购公司在并购前都是按照各自的发展战略运作，并且在一段时间曾经为了占领更大的市场，获得更多的市场份额，采用过追逐战略，即当一家在某处设店，另一家也马上跟进。结果，当两家合并成一家后，这种门店对门店的情况，在全国主要城市里都有出现。如果是简单地撤销相邻的店铺，则同行业的竞争对手很有可能立刻跟进，在原址上再建一家店，这样就会失去一定的市场份额。可是，如果不撤销相邻的店铺，同样的店铺经营并不能带来双倍的经营收入，但是相应的管理、经营成本却是双倍的增长。是撤销，还是保留，将影响到向明未来发展的走势。

三、配送中心多也愁

并购前两家公司都有自己独立的配送系统，在全国各处建有配送中心。原来两家公司互为竞争对手，各自的配送中心都不会配送对方的商品。因此，并购后各处出现了一些功能和覆盖区域相似的配送中心。面对突然增加的配送中心，使用集中化库存可以在一定程度上减少系统的安全和平均库存量。直觉上可以解释如下：在集中式配送系统中，无论何时，当一个市场区域的需求高于平均需求，而另一个市场区域的需求低于平均需求时，仓库中原来分配给一个市场的库存可以重新分配给另一个市场。在分散化配送系统中，在不同市场的仓库之间重新分配库存的过程几乎是不可能的。

但是，因为并购的目的就是要扩大向明的规模，因此保留这些配送中心，即分散化的配送系统，可以更接近连锁店或者是消费者，响应时间也就越短，而且还减少了仓库运出成本，即从仓库运至顾客的运输成本。

另外，由于两家公司各连锁店、供应商的协同手段不同，其管理信息系统平台的建设也不同，包括每个配送中心应用的物流信息系统，在数据的收集、分析、处理等方面都不能对接，也就不能在相异的配送中心之间进行有效的信息交流。

思考讨论

1. 向明公司并购成功后，产生了哪些烦恼？为什么？
2. 试分析弊端并给出解决方案。

（参考《中国物流与采购》，2006（12））

提示

1. 向明公司的并购目标。主要问题如库存、信息、市场等与症状分析。
2. 原因归纳与舍、得决策分析。
3. 资源整合建议。

案例 4：瑞达制药公司选择哪家 3PI 企业

瑞达制药公司是一家中外合资制药公司，总投资为 2 亿人民币。公司主要产品有心血管药品、神经系统药品、抗血栓药品、抗肿瘤药品和抗生素等处方药和少量非处方药，销售额将近 3 个亿，销售人员近 300 名。公司在上海、北京、广州、重庆等多个城市设有办事处，公司的客户是医药商业公司和药品经营部，已达到 200 多家。

公司以前向各地办事处发送药品是通过多家货代公司，为了便于管理并且降低运输成本，公司决定由一家货代公司全部承包运输业务。有两家货代公司 A、B 给出了向各地运输的单价，见表 3－1。表 3－2 是瑞达公司全年向各地办事处发送药品数量。

表 3-1　货代公司提供的到各地运输单价　　元/千克

	北京	广州	上海	沈阳	西安	重庆
货代公司 A	3.00	3.80	1.20	4.40	3.80	5.20
货代公司 B	3.10	4.10	1.40	4.20	3.60	4.80

表 3-2　瑞达公司向各地全年的发货量　　千克

	北京	广州	上海	沈阳	西安	重庆
公司全年发货量	62 000	53 000	26 000	51 000	48 000	6 0000

瑞达公司已经开始对这两家货代公司进行评估，以确定最终的总承包方。见表 3-3。

表 3-3　货代公司评估

	北京	广州	上海	沈阳	西安	重庆	合计
全年发货量/千克	62 000	53 000	26 000	51 000	48 000	6 000	
货代公司 A 运输单价	3.00	3.80	1.20	4.40	3.80	5.20	
货代公司 B 运输单价	3.10	4.10	1.40	4.20	3.60	4.80	
货代公司 A 的全年运费							
货代公司 B 的全年运费							

思考讨论

1. 分别计算货代公司 A 和货代公司 B 的平均运输单价（列出计算过程，保留 2 位小数），如果只比较运输单价，你认为瑞达公司会选择哪一家货代公司？

2. 瑞达公司在评估运输商时，认为不应只考虑运输价格的因素，你认为瑞达公司还需要考虑哪些因素？

（参考《2006 年 5 月中国物流职业经理资格证书考试（中级）案例与实践（二）》）

提示

1. 每个公司的平均运输单价计算。
2. 考核供应商的主要指标分析。

案例5：你能帮助饺子馆改善经营吗？

物流是所有生意人都不得不考虑的事情，一条顺畅、廉价的物流链条将给杭州经济带来更多的额外福利。从2007年11月到2008年1月，燃油、人工等直接运输成本的增加日渐困扰着企业的物流支出。

不少企业甚至餐馆店家都开始寻找快捷路径，合理调配运力和控制进货数量，从而力求消化物流要素带来的涨价压力。如何有效降低物流成本、提高物流效率已经成为企业经营的一道关键命题。

三年前，胡小艾在南肖埠开了家饺子馆，如今生意还算火爆。周围不少小区的住户常来光顾小店，有些老顾客一次能吃半斤饺子。胡经理说："别看现在生意还不错，开业那一段时间，让我头疼的就是每天怎么进货，很多利润被物流吃掉了。"

刚开始卖出一客10个烤饺，定价为5元钱，直接成本为饺子馅、饺子皮、佐料和燃料，每个饺子成本大约2角钱。虽然存在价差空间，可是胡经理的小店老赚不了钱，原因在于每天都有大量剩余原料，这些采购的原料不能隔天使用，算上人工、水电、房租等间接成本，饺子的成本都接近4角钱了。

胡经理很有感慨，如果一天卖出1 000只饺子，同时多余500个饺子的原料，相当于亏损了100元左右，每个饺子的物流成本最高时为2角钱，加上2008年年初粮食涨价，因此利润越来越小。

思考讨论

1. 计算说明为什么两次亏损。
2. 试帮助胡经理扭亏增盈。

提示

1. 饺子馆的固定成本、变动成本区分，盈亏平衡计算。
2. 企业盈利的主要思路分析。
3. 饺子馆现状、亏损原因与盈利途径建议。

第四章
物流包装与装卸搬运

实例1：包装的合理化——生产延迟

一、麻烦

TECH PLASTUS 联合公司是《财富》杂志上排名 500 强的塑料容器生产商。其产品主要是装食物的塑料容器，容器必须有两个组件组成，即盒与盖。公司原先的作业方式是将配套好的盖和盒以一对的形式包装储存。传统的操作过程要求首先生产盒与盖，然后在生产线上完成盒与盖的配套包装过程，再将其送到仓储中，随着业务的发展，产品的品种从 80 种增长到 500 种，而这些产品盒与盖又有许多是可以相互匹配的。这样，传统的操作过程使得产成品库存迅速增加，同时，缺货的现象却又频繁发生。仓库操作人员经常需要从现有仓库中打开包装，拿出产品，并进行重新的装配，以使产品满足已有订单的需求，产品库存的精确性也受到了影响。

二、措施

TECH PLASTUS 联合公司的解决方法是在生产线末端重新设计包装过程，将盒与盖进行独立的包装，并独立地进入到仓库的一个配套装配工作区，而不先进行盒与盖的配套。当每天收到客户订单时，再根据需要将所需的盒与盖放入包装线，两者被压缩包装在一起并按顾客的要求打上标签，然后成品被放上拖车运走。需求量大的盒与盖可以多装配一些，然后包装入库储存，再进行大量库存的打标签和装运。

TECH PLASTUS 联合公司用于包装线的投资不到 20 000 美元。把配套安装作业放到仓储过程中完成，这样流动资金的周转率大大提高，仓储的空间利用率也得到提高，同时库存的精确度也达到一个更能接受的水平。

思考讨论

1. “TP”公司为什么要将包装放到仓库中去做?
2. 何为“生产延迟”？其前提条件和效果是什么？

（参考《采购与仓储管理》，徐杰、田源编著，清华大学出版社，2004.9）

提示

1. 生产延迟与物流延迟内涵。
2. 生产延迟降低物流成本的秘密与条件分析。

实例2：码头合理装卸集装箱的方法

40多年来，伴随着海上集装箱运输的飞速发展，集装箱码头相对一般件杂货码头，在整个集装箱运输过程中，在加速车船周转、提高货运速度、降低整体运输成本等方面，起着十分重要的作用，所以应以合理和经济的原则，选择集装箱码头装卸工艺。集装箱码头的装卸工艺有几种典型的系统，如底盘车系统、跨运车系统、龙门吊系统及混合型系统。

一、底盘车系统

码头的前沿采用岸边集装箱装卸桥承担船舶的装卸作业，进口集装箱由装卸桥直接卸到底盘车上，集装箱牵引车将载有集装箱的底盘车拖到堆场停放，出场时集装箱牵引车将载有集装箱的底盘车从堆场上直接拖出港区。出口集装箱由集装箱牵引车将载有集装箱的底盘车从港区停放在堆场上，装船时再由集装箱牵引车将载有集装箱的底盘车从堆场拖到码头前沿，由岸边集装箱装卸桥将箱吊装上船。该系统的主要特点是，集装箱在码头堆场的整个停留期间均放置在底盘车上。

二、跨运车系统

码头前沿采用岸边集装箱装卸桥承担船舶的装卸作业，跨运车承担码头前沿与堆场之间的水平运输，以及堆场的堆码和进出场车辆的装卸作业。即“船到场”作业是由装卸桥将集装箱从船上卸到码头前沿，再由跨运车将集装箱搬运至码头堆场的指定箱位；“场到场”“场到集装箱拖运车”“场到货运站”等作业均由跨运车承担。

三、轮胎式龙门起重机系统

轮胎式龙门起重机系统的码头前沿采用岸边集装箱装卸桥承担船舶的装卸作业，轮胎式龙门起重机承担码头堆场的装卸和堆码作业，从码头前沿至堆场、堆场内箱区间的水平运输由集卡完成。轮胎式龙门起重机一般可跨 6 列和 1 列集卡车道，堆高为 3 ~5 层集装箱。轮胎式龙门起重机设有转向装置，能从一个箱区移至另一个箱区进行作业。轮胎式龙门起重机系统适用于陆地面积较小的码头。我国大部分集装箱码头采用这种工艺系统。

四、轨道式龙门起重机系统

轨道式龙门起重机系统与轮胎式龙门起重机系统相比，堆场机械的跨距更大，堆高能力更强。轨道式龙门起重机可堆积 4 ~5 层集装箱，可跨 14 列甚至更多列集装箱。轨道式龙门起重机系统适用于场地面积有限，集装箱吞吐量较大的水陆联运码头。

五、跨运车 – 龙门吊混合系统

从经济性和装卸性能的观点来看，前四项工艺系统方案各有利弊，目前世界上有些港口采用了前述工艺方案的混合系统，跨运车 – 龙门吊混合系统，其主要特点是：

①船边的装卸由岸边集装箱装卸桥承担；

②进口集装箱的水平运输、堆码和交货装车由跨运车负责完成；

③出口箱的货场与码头前沿之间的水平运输由集装箱半挂车完成，货场的装卸和堆码由轨道式龙门起重机完成。由于混合系统能充分发挥各种机械的特点，扬长避短，更加趋于合理和完善，目前世界上已有不少码头采用了这种方案。

思考讨论

1. 简单绘制五种典型的集装箱装卸工艺方案图。
2. 谈谈案例中提到的几种集装箱工艺方案各自特点。

提示

参观、了解集装箱码头有关设备；现场观察各设备运行特点。

案例1：星系配送中心该怎么办

星系超市连锁集团由自己的配送中心负责货物配送。美味食品公司是该连锁集团的一家供货商。美味公司的配送中心距离星系超市配送中心仓库只有7千米，目前这两家的配送流程如下：

美味食品公司将货物加装在1 200 mm×1 000 mm的托盘上，由美味公司配送中心向星系超市配送中心配送，星系超市配送中心卸下货物，因为仓库货架的原因，必须换装在800 mm×1 000 mm的托盘上。星系超市配送中心向各个连锁店送货。因星系超市在美味公司的全部进货量不足美味食品公司总销售量的1%，所以美味食品公司不愿意承担换装托盘及其带来的一系列费用。而星系超市也不愿意投入成本改造自己的仓库，以配合1 200 mm×1 000 mm的托盘的使用。

思考讨论

1. 目前国际上统一使用的托盘标准有哪几种？我国的情况怎样？
2. 如何解决星系配送中心与美味公司协调的问题？

（参考《采购与仓储管理》，徐杰、田源编著，清华大学出版社，2004.9）

提示

1. 国际和我国配送托盘的种类。
2. 托盘差异与标准化对装卸搬运的影响。
3. 星系配送中心配送的措施分析与选择。

案例2：现代的包装设计

多年来，包装被认为是产品生产工艺流程的最后一个环节和物流的起点。随着现代物流和供应链的发展，在产品设计、流程设计以及物流全过程中考虑进物流的包装因素也许能更有效地发挥供应链管理的作用，从而产生了现代物流包装设计的概念。

包装对物流系统的成本和效率影响很大，尤其是影响运输和储存的效率及有效性。包装通常有两类：强调市场营销的消费包装和强调物流的工业包装。包装设计应当将许多因素和要求结合起来考虑，以达到对货物所需的保护程度，提高物流效率。包装已成为全部现代物流战略中的一个关键因素。重新设计包装这一简单方法，能够帮助控制物流成本。包装在产品运输、储存、装卸搬运、配送等方面都具有重要作用。

在大型超市，把大体积的塑料制品如储物柜、垃圾桶等设计成可以折叠的，每平方米的收益就提高了。瑞典家具商 IKEA 经营的是未装配的家具，强调包装后立体最小化。设计成模块的，包装紧凑，运输容易，成本较低，达成了运输的规模效益。这一战略在全球应用很成功，使 IKEA 能以最低的价格出售同样质量的家具。一些专家认为提高立方体的利用率和集装化是包装的最大机遇，并预言包装的立体体积将减少到传统体积的 50%，这对质量小的商品尤为重要。

包装延迟（或物流延迟），把最终包装从生产工艺最后一步推迟到仓库、零售商出货产品实际销售时，这一方法更可以获得战略灵活性，如大米、面粉、食盐、电器类商品等。

思考讨论

1. 设计产品包装应全面考虑哪些因素和要求？为什么说“包装已经成为全部现代物流战略的一个关键因素”？

2. 降低包装成本与提高客户服务水平的关系如何处理？

提示

1. 包装的作用及其对物流系统运作的系统影响。

2. 物流的“二律背反”，尤其是企业效益与客户服务的“背反”选择。

案例 3：日本包装的减量化

日前，上海市包协接待了日本包协“包装与环保”代表团，中日包装专家就包装、包装废弃物、环境等问题开展了交流，特别就当今困扰社会经济生活发展的问题开展深层次的切磋研讨。会上，日本专家向上海同行介绍了他们在产品包装减量化的先进经验，有不少案例值得我们借鉴、学习。

一、索尼公司电子产品的新包装

索尼公司用四原则来推进该公司的产品包装。他们不但遵循“减量化、再使用、再循环”循环经济的“3R”原则，而且还在替代使用上想办法，对产品包装进行改进。比如，1998 年该公司对大型号的电视机的泡沫塑料材料（EPS）缓冲包装材料进行改进，采用 8 块小的 EPS 材料分割式包装来缓冲防振，减少了

40% EPS 的使用；有的产品前面使用 EPS 材料，后面使用瓦楞纸板材料，并在外包装采用特殊形状的瓦楞纸板箱，以节约资源；另外，对小型号的电视机采用纸浆模塑材料替代原来的 EPS 材料。

二、大日本印刷株式会社的新型包装

该企业产品包装贯彻环境意识的四原则，即包装材料减量化、使用后包装体积减小、再循环使用、减轻环境污染的原则。

①包装材料减量化原则：采用减少容器厚度、薄膜化、削减层数、变更包装材料等方法。

②使用后包装体积减小原则：采用箱体凹槽、纸板箱表面压痕、变更包装材料等方法。

③再循环使用原则：例如采用易分离的纸容器，纸盒里面放塑料薄膜，使用完毕后，纸、塑分离，减少废弃物，方便处理。

④减轻环境污染原则：该企业在包装产品的材料、工艺等方面进行改进，减少生产过程中二氧化碳（CO_2）的排放量，保护环境。

三、东洋制罐株式会社的包装产品

由东洋制罐开发的塑胶金属复合罐（Toyo Ultimate Can，TULC），是以 PET 及铁皮合成的二片罐，主要使用对象是饮料罐。这种复合罐既节约材料又易于再循环，在制作过程中低能耗、低消耗，属于环境友好型产品。东洋制罐还研发生产一种超轻级的玻璃瓶。用这种材料生产的 187 毫升的牛奶瓶的厚度只有 1.63 毫米，重 89 克，而普通牛奶瓶厚度为 2.26 毫米，重 130 克，比普通瓶轻 40%，可反复使用 40 次以上。该公司还生产不含木纤维的纸杯和可生物降解的纸塑杯子。东洋制罐为了使塑料包装桶、瓶在使用后方便处理，减少体积，在塑料桶上设计几根环形折痕，废弃时可很方便折叠缩小体积。这类塑料桶（瓶）有从 500 毫升到 10 升多种容积。

党的十六届五中全会提出，要把发展循环经济，建设资源节约型、环境友好型社会作为“十一五”经济社会发展的重大战略任务。国家发改委领导日前指出在我国的包装工业高速发展过程中，同时也出现了一些问题。一是许多企业未摆脱高投入、高消耗、高污染和低产出的粗放型经营模式，部分商品存在包装过度的现象；二是包装物回收率低，除部分（如 PET 瓶和饮料罐）回收利用情况较好外，其他类型包装物的回收利用率相对较低；三是资源浪费严重，大量废弃包装物除增加了城市生活垃圾处理的负担外，还浪费了大量的资源；四是我国现有的包装物回收渠道比较混乱，原有的以单一的政府行为为依托的回收系统和渠道不畅通，以市场为依托和规范的回收网络尚未建立；五是包装物再生利用技术落后，资源的再生利用率低，而且存在较为严重的二次污染。

思考讨论

1. 日本企业产品包装的特点有哪些？
2. 如何解决我国包装业中存在的问题？

（参考《中国包装工业》，2009（5））

提示

1. 日本企业包装特点分析。
2. 包装对物流、对循环经济的影响分析。
3. 我国包装企业存在的包装问题与原因分析、对策建议。

案例4：我国铁路的集装箱运输

一、现状简介

1. 铁路集装箱国内市场份额分析

2004年1～6月份，铁路集装箱发送箱完成了155.6万TEU，发送吨完成了2 931.7万吨，同比分别增长9.7%和11%，运量增幅超过于同期铁路货运量8.7%的增幅。铁路集装箱货运市场份额在逐年上升，这一方面是铁路运输部门计划组织水平上升的体现；另一方面也是国内经济发展刺激铁路集装箱物流需求的结果。

2. 铁路集装箱物流网点分析

现阶段，全路共有609个铁路集装箱办理站，集装箱办理站还只集中在1吨箱、5吨箱和10吨箱三种箱型上，而通用的20英尺①箱和40英尺箱的办理能力还有待提高。

3. 铁路集装箱适箱货物装箱比例分析

铁路规定的适箱货物共计19大类。在铁路28项货物类别统计中，适箱货物占有16项。但由于货物品类的特性，这16种货物并非可以全部装箱运输。铁路集装箱的适箱货种类繁多，基本包括了日常生产生活的所有方面，而且装箱比例还有发展的空间，所以集装箱物流的发展前景很大。

① 1英尺＝0.304 8米。

4. 铁路集装箱现行运费比价分析

现行铁路集装箱中，20 英尺集装箱载重率高、货物单位重量支付的运输成本相对较少，具有很大优势。对于轻浮货物，大型箱较小型箱具有相对优势，但不明显。在中型箱中，5 吨箱、6 吨箱、10 吨箱价格上相差不大。显然，20 英尺集装箱对货物批量较大的用户而言，更具吸引力。

5. 铁路集装箱班列现状

通过调研，发现目前正在运作的铁路集装箱班列主要有三种方式：北京东站—上海杨浦的双层集装箱班列、五定班列、国际集装箱班列。

二、问题综述

通过对铁路集装箱物流业务的了解和分析，总结出以下几个问题。

1. 铁路发展集装箱物流的观念问题

铁路发展集装箱全程物流的过程中，只重视铁路集装箱干线运输，而物流观念薄弱，服务意识较差。这主要是由于缺乏对相关的专业铁路集装箱物流的研究，缺乏相关的物流专业人才，缺乏相关的集装箱专项政策，如行业政策、物流管理政策、价格政策等。

2. 铁路集装箱运输的问题

从以往的经验来看，铁路运输能力是铁路发展集装箱物流最大的“瓶颈”，如果铁路运输的问题解决了，那么铁路发展集装箱物流就会更加顺畅。

（1）铁路集装箱运输时效性差。

目前，由于集装箱运输在时间上没有保障，客户需要事先保证对到货期限没有要求，否则，货代公司一般不轻易接货，这直接导致铁路集装箱运输的市场萎缩、各个车站货场积压大量待运重箱、空箱和车辆的调度紧张等情况。从客户角度来说，等待铁路集装箱运输不如多支付一些费用改用公路运输，只有时效性要求不高的货物才继续采用铁路集装箱运输。但是，这种时效性低的货物数量并不多，不能支撑起铁路集装箱运输市场。铁路集装箱运输时效性差的问题在最近几年中表现明显，具体原因可能是多方面的。

（2）铁路集装箱空箱回运难。

我国铁路集装箱缺少问题严重，但是国家每年集装箱投入量又很大，这之间的矛盾主要是在于集装箱空箱回运难。京九段和其他重要地段的集装箱数量奇缺，而边远地区的大量集装箱因淤积而无法运出，如乌鲁木齐的集装箱进入量很大，几乎没有空箱回运。空箱回运成本很高，装载集装箱的车辆也被用来装载其他货物。南北发展的不均衡性造成集装箱回流困难的局面，尤其在支线路段上表现十分明显。在这一点上，海运集装箱的做法是集装箱到岸之后就掏箱，不参与下面的运输环节。

3. 铁路集装箱物流信息化的问题

铁路列车在运行过程中每到一个站界或分局、路局界就会有识别车次或车号的设备将信息传递到信息中心，而车次所载集装箱的箱号已经与车号相关联，以此来推断集装箱所在位置。货主可以通过语音拨号电话、电脑触摸屏或直接到列车站窗门查询。通过这些方式，只能查询到集装箱是否到站，而查不到货在何方。车站只负责催领，而电话查询出错所造成的损失由货主自主承担。建议货主到货站服务窗口查询，如果货物还没到，货站加盖公章，表示对此时间之前的未到货物负责。而电话查询不具备这样的作用。但是，箱号与车号相关联的方法也会出错，如果集装箱货车在某车站编组时被甩箱，基本组合和非基本组合都有被甩箱的可能，那么该次列车到达目的站时，系统也会显示该集装箱同时到站了，但事实上，该箱已经被甩在了半路上。

目前的集装箱跟踪做得不是很完善，在中途站的甩箱问题无法解决，而且不能及时反馈集装箱的现况、不能准时的原因、到底何时能到等信息。客户对于只能知道是否到站很不满意，希望能够更加确切地了解货物的情况。

4. 铁路集装箱物流的成本问题

铁路集装箱物流成本高的原因是多方面的。集装箱物流的各个环节由多个不同的小规模公司运营，每个小公司均是以各自的利润最大化为目标。例如，一集装箱公路运输企业，负责将集装箱运到用户处装货后，运到北京广安门火车站，其他的增值服务都没有，北京南四环的用户为 10 吨的搬运要付 500 元人民币的费用，而铁路干线运输的费用还没有计算在内。以行政区域作为物流网络布局依据，而不是以物流的科学理论为指导，依据物流量和流向构建物流网络。集装箱物流设施设备水平差。铁路集装箱装卸搬运堆存等需要专门的设备，以提高工作效率、最大限度地减少货损。作为市场主体，铁路集装箱物流提供商自身的管理机制、成本控制、质量控制、激励机制等对公司的运营成本影响很大，而铁路运输在长期的垄断形势下不注重改善管理方法，与铁路相关的服务行业依赖与铁路的关系也没有或不考虑进行成本改良，客户不了解集装箱物流即时信息。

5. 全程物流面临货物的安全问题

全程物流服务经过短途运输、铁路运输设置联合运输等多种运输方式，会面临货物全程服务过程中各环节的安全交接问题，以及铁路运输覆盖面小、服务水平较差、运货延误、在途货物装卸搬运损坏现象严重等问题。

6. 铁路集装箱参与联运的问题

（1）铁路集装箱参与国际联运的份额较小。

我国铁路集装箱 2000 年市场份额仅为国际联运的 2.7%，主要承担各大陆桥口岸的过境集装箱运输和进出口集装箱运输，承担的港口接卸量不到 2%。而公路和水路的市场份额分别占 52.12% 和 45.18%，公路主要承担港口集装箱接卸业务，占港口集装箱接卸业务的 98% 以上。从 2003 年的数据看，铁路在国际集装箱市场份额增为6%，但数量仍然很少。

（2）不同运输方式集装化设备标准不统一。

铁路部门与交通部门的托盘、集装箱尺寸都不统一，因此阻碍了海铁公联运的发展。而做不到联运，集装箱运输的优势就削弱了。

思考讨论

1. 集装箱物流的特点是什么？
2. 铁路集装箱的集货流程怎样？
3. 我国铁路集装箱运输中存在什么主要问题？原因何在？你有何解决方法？

（参考《物流管理案例与实训》，鲁晓春、林正章主编，
北京交通大学出版社，2005. 5）

提示

1. 集装箱物流与一般散货物流比较。
2. 铁路集装箱运输中存在的问题与原因分析。
3. 集装箱货运、装卸、堆存等标准（走访铁路货运部门）。

案例5：木材公司底座的搬运

某木材公司加工电冰箱用的板条式底座，如图4－1所示。它由3块板条和2块纵梁组成（图中未注明尺寸单位均为英寸（″），1英尺（′）＝12″，1″合25. 4 mm，1磅合454克）。完成的底座重叠堆码，高度为36英寸。用包装带打包捆紧后，形成集装搬运单元（简称为包），用叉车搬运。

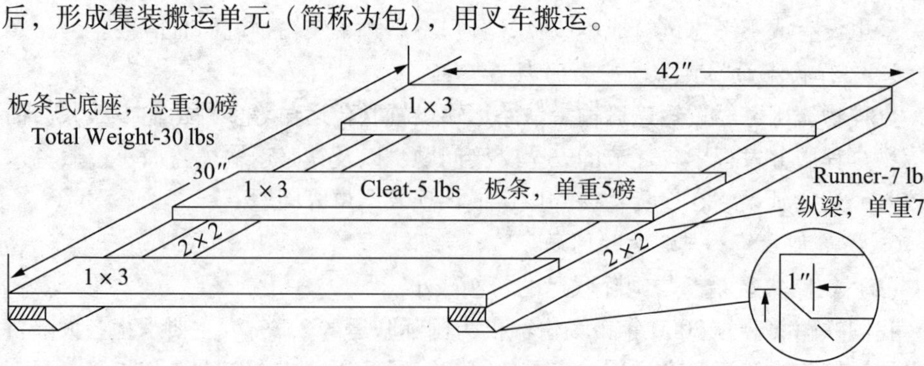

图4－1 板条式底座尺寸

思考讨论

1. 计算该搬运单元内底座的数量，以及搬运单元的总重量（不计包装带重量）。

2. 如果板条和纵梁先不钉装，运到冰箱厂再钉装，而运输仍采用上述搬运单元尺寸，此时纵梁和板条分别独立堆码打包，但底部可以用一个钉装好的底座，以便于叉车作业。请计算在不超过上述搬运单元尺寸的情况下，板条包内可以堆码的板条数量和总重量；纵梁包内可以堆码的纵梁数量和总重量。

3. 在问题 2 的情况下，若需要考虑纵梁包和板条包的配比数量，则运送 1 包纵梁需要配套运送多少包板条才能使得最后钉装时两者数量恰好满足配比？

4. 上述问题 3 所得比例难得是整数，且纵梁面积小，难以叠高，给实际操作带来困难。因此，可以考虑采用纵梁和板条在一个底座上交错堆码的方式，即铺满一层纵梁后再铺一层板条。请问在满足上述搬运单元尺寸和一个底座的配比要求的情况下，纵梁和板条各应铺多少层？此时总重量为多少？

5. 完成的底座搬运单元运输时装入集装箱中，箱体内尺寸为 39′×90″×96″，箱门尺寸为 90″×93″，若按问题 1 的数据，该箱可装入多少底座？总重量为多少？若按问题 4 中的数据，又可装多少底座（折合数据）？总重量为多少？

6. 用叉车将底座包装入集装箱时，对叉车有什么要求？请结合有关叉车的知识，选择可用的叉车类型。

7. 若改用铁路货车运输，货车车箱的内尺寸为 50′×9′×10′6″，箱门尺寸为 8′×10′，上述问题 5 的数据又各为多少？

8. 本案例体现了什么物流学原理？

9. 上述案例对你有何启示？

（参考《物流管理案例与实训》，鲁晓春、林正章主编，北京交通大学出版社，2005. 5）

提示

1. 每个底座中纵梁数和板条数比例是 2∶3，所以运送一包纵梁需配套运送 1. 5 包板条。

2. 计算三种方案：

（1）先放 1 层纵梁，一层 20 块，再放三层板条，每层 10 块。共 6 层。

（2）先放 1 层纵梁，一层 21 块，再放三层板条，每层 10 块。共 6 层。

（3）先在底座空隙加放 6 块板条，再放 1 层纵梁 21 块，后三层板条每层 10 块，共 6 层。

计算各方案所得高度和重量；余空、余重再加铺。

第五章
交通运输

实例1："沃尔玛"降低运输成本的学问

沃尔玛公司是世界上最大的商业零售企业，在物流运营过程中，尽可能地降低成本是其经营的哲学。

沃尔玛有时采用空运，有时采用船运，还有一些货物采用卡车公路运输。在中国，沃尔玛100%地采用公路运输，所以如何降低卡车运输成本，是沃尔玛物流管理面临的一个重要问题，为此他们主要采取了以下措施。

1. 卡车

沃尔玛使用一种尽可能大的卡车，大约有16米加长的货柜，比集装箱运输卡车更长或更高。沃尔玛把卡车装得非常满，产品从车厢的底部一直装到最高，这样非常有助于节约成本。

2. 司机

沃尔玛的车辆都是自有的，司机也是其员工。沃尔玛的车队大约有5 000名非司机员工，还有3 700多名司机，车队每周每一次运输可以达7 000～8 000千米。

沃尔玛知道，卡车运输是比较危险的，有可能会出交通事故。因此，对于运输车队来说，保证安全是节约成本最重要的环节。沃尔玛的口号是"安全第一，礼貌第一"，而不是"速度第一"。在运输过程中，卡车司机们都非常遵守交通规则。沃尔玛定期在公路上对运输车队进行调查，卡车上面都带有公司的号码，如果看到司机违章驾驶，调查人员就可以根据车上的号码报告，以便于进行惩处。沃尔玛认为，卡车不出事故，就是节省公司的费用，就是最大限度地降低物流成本。由于狠抓了安全驾驶，运输车队已经创造了300万千米无事故的纪录。

3. 信息技术

沃尔玛采用全球定位系统对车辆进行定位，因此在任何时候，调度中心都可以知道这些车辆在什么地方，离商店有多远，还需要多长时间才能运到商店，这种估算可以精确到小时。沃尔玛知道卡车在哪里，产品在哪里，就可以提高整个物流系统的效率，有助于降低成本。

4. 速度

沃尔玛的连锁商场的物流部门，24 小时进行工作，无论白天或晚上，都能为卡车及时卸货。另外，沃尔玛的运输车队利用夜间进行从出发地到目的地的运输，从而做到了当日下午进行集货，夜间进行异地运输，翌日上午即可送货上门，保证在 15 ~ 18 个小时完成整个运输过程，这是沃尔玛在速度上取得优势的重要措施。

5. 免检

沃尔玛的卡车把产品运到商场后，商场可以把它整个卸下来，而不用对每个产品逐个检查，这样就可以节省很多时间和精力，加快了沃尔玛物流的循环过程，从而降低了成本。这里有一个非常重要的先决条件，就是沃尔玛的物流系统能够确保商场所得到的产品是与发货单完全一致的产品。

6. 直达

沃尔玛的运输成本比供货厂商自己运输产品的成本要低，所以厂商也使用沃尔玛的卡车来运输货物，从而做到了把产品从工厂直接运送到商场，大大节省了产品流通过程中的仓储成本和转运成本。

沃尔玛的配送中心把上述措施有机地组合在一起，做出了一个最经济合理的安排，从而使沃尔玛的运输车队能以最低的成本高效率地运行。当然，这些措施的背后包含了许多艰辛和汗水，相信我国的本土企业也能从中得到启发，创造出沃尔玛式的奇迹来。

思考讨论

1. 沃尔玛降低运输成本的主要举措有哪些？
2. 一般零售企业为什么做不到？

（参考《现代物流报》，2009. 5. 15）

提示

1. 沃尔玛自营物流的前提条件与好处。
2. 沃尔玛物流成功的举措与原因分析。

实例 2：日本左川急便的运输体制

左川急便株式会社是日本名列前茅的物流企业，1997 年营业收入是 7 千亿日元，居日本物流行业第二位。

一、运输要素

构成左川急便的运输要素有五个，分别是：

（1）据点网。在日本，全国每个地区有 400 多个据点（1998 年）。

（2）收集和递送体制。各据点的收集和递送体制是用户服务的重要因素，各地都有因地制宜的收集和递送体制。

（3）道路网。连接据点和据点的是道路运输网。左川急便不分昼夜地利用这个道路网。

（4）信息网。在运输中，有必要建立可整理和综合各种信息的信息系统。左川急便开发各种各样的系统，在全国范围内使用。对于一年处理 10 亿个以上货物的左川急便来说，这个信息系统可以称为是生命的保障线。

（5）营业驾驶员。营业驾驶员是左川急便最大的生命线和最大的商品。

二、据点网管理

左川急便将日本分为 12 个区域进行管理，分块的理由，除了与公司发展历史有关以外，还与日本的气候风土、商业文化圈密切相关。

1. 主营店

在各区域设立几家核心的主营店，以这些店为中心，管理附近的小型店。主营店的特征是设施规模非常大，是运输过程中不可缺少的重要基地，管理本店和周围小店每天的现金业务，且是独立的法人。大规模的主营店配有 100 多辆车，设在当地行政要地或交通发达的地区，连接周围小店的到达和发送。

2. 小型店

在主营店的周围，行星般地散布着小规模店，有些小店配置的车辆不到 10 辆，但为了营业而覆盖全国，配置得非常缜密。对这些店的发货量都不大，有些业务还需委托主营店。但有很多有特色的店，比如适合寒冷地带的店、租用大型仓库的店等。大多数小型店附近都有卫星城市或郡部，全国大部分地区由这些店来覆盖，是公司需要强化的店。

3. 运输中转中心

运输中转中心主要完成货物的分拣、集运等任务。由于日本的劳动力很贵，因此有必要实现机械化，削减劳动力。又因为城市近郊的地价非常昂贵，所以运输中转中心设计为高位立体仓库，且站台的面积很小，这就使货物到达后的分类变得非常繁杂，必须使用 EDI、RF、条码等技术来实施作业。

4. 左川物资流通中心

全国共有 23 家左川物资流通中心，其主要的功能是受托开展顾客货物的保管、加工、发送等业务。在业务量大的情况下，还积极利用外部的仓库。流通中心的目标是满足顾客的所有要求，满足从简单的保管业务到大规模的第三方物流业务。因货物的周转率很高，按单位面积的营业额计算，左川急便在日本居于第一位。

三、五类车辆

1. 直达车

直达车指直接连接店与店之间的直达货物车，这种形式对货物的拖延或损坏很少，是理想的送货方式。

2. 路过一个店的车

这种方式只能适合在有一定规模的店之间采用，并且路过店必须在中间的理想位置。这种路线方式中，因为终点只有一个，可实施接近于直达店的制度。但同时也存在一些问题，比如有时在第一个发货店的装载量过多，或在第二个发货店出现较多货物装不下的可能性。因为每天的发货量是由顾客决定的，截止到发货时间之前无法完全掌握到达地的货物量，且在全国范围内每天有 350 万件货物在移动，因此，要保证顾客运输的可得性，必须依靠先进的信息系统。

3. 路过数家店的车

这种方式是从一个店发车按顺序路过数家店依次卸货。这需要在货箱内按每个中间停车店分好货物，因此会降低装载量；还因为在中途停车卸货，加上交通堵塞，所以到达第二个店、第三个店的时间会出现晚点现象。采用这种方式要求路线车一到停车店就快速卸货，以便能早点开往下一个店铺。在离大型店较远的据点发货时经常用这种方式。

4. 由数家店集中货物发直达车

这是在单用自家店的货物构不成整车货物或无法路过货物时，集中几个店的货物再组成直达货物的方式。这种方式的优点是：因为集中几个店铺的货物比较容易吸收货物数量的波动，与路过货物相比可降低整体成本。对货物量较多的店铺来说，一天会发送好几次货物，所以早发送的货物早到达目的地的可能性会增加。缺点是：货物必须装卸数次，需要多次分类，故需要大规模的分类设备，经营成本会增加；此外，分类失误及货物受损的可能性增大。

5. 数家店的货物集中到达车

这种方式是货物从具有一定送货量的店铺发送到主营店或母店等区域内具有横向路线的据点，再转送到最终目的店的方式。其优点是可以缓和发货一方的集中作业量；缺点是除了集中发货的多次装卸以外，当发货时间晚点时，晚到终点的可能性加大。

四、信息网——生命线

左川急便每天利用近400个物资流通中心及城市中心的大规模中转站等进行据点间的运输，还有店对店、区域对区域也进行着各种方式的据点间运输，保证这些运输网络顺利运作的就是左川急便的信息网。以输入送货单数据的扫描仪为核心，签发送货确认，领取送货证明等左川急便的信息系统，其水平在日本国内一流。

思考讨论

1. 左川急便运输网络中有哪些物流节点？它是怎样将这些节点连接起来的？
2. 从左川急便成功的运输体制中，你有何体会？

（参考《物流运输实务》，王庆功主编，2007.6）

提示

1. 左川急便物流系统的要素与特点。
2. 左川急便物流成功的条件和因素分析。

案例1：运输的商机

F物流公司在进行市场调查时发现，某著名电器生产商（代称X公司）生产的冰箱在向西南地区分销时基本采用公路运输承运。与此同时，具有大致相同运输线路的W食品公司生产的儿童休闲食品也采用了公路运输方式进行分销。F物流公司的市场调研人员对X与W两家公司的公路承运方式提出疑问：对于在客户的时间性要求不很强，且运距在800千米以上的电器和食品运输，采用公路承运方式并不是一个最佳方案。市场人员进一步调查后才大吃一惊：因为冰箱自身的特殊性，它在运输过程中只能立式放置。而铁路以路基为基础的限高最大为5米，高度超过5米涵洞和隧道不能通行（这是铁路部门的规定）。冰箱加上外包装在车皮上只能堆放一层，放两层即超高。如此一来，铁路成本反而高了，而且由于铁路的安全性和时间相对难以保证，X公司放弃铁路走公路就不足为奇了。

与此同时，市场人员又了解到，W食品公司的儿童休闲食品是易碎物品，在铁运过程中由于缺乏对运输服务质量的信心，也选择了公路运输进行分销。

F物流公司的市场人员敏感地意识到这其中蕴涵着商机。

思考讨论

1. 你认为F物流公司意识到的“商机”是什么？
2. 要想抓住“商机”，还应当做哪些调研分析工作？
3. 传统的运输企业为什么不能发现更不可能抓住其中的商机？

（参考《现代物流管理》（第二版），王自勤主编，电子工业出版社，2008.5）

提示

1. 物流外包的好处和条件。
2. 专业物流企业的优势与物流市场营销分析。
3. 联运和配装的特点。

案例2：保定运输集团如何转型

从世界范围看，物流产业对经济发展做出了巨大贡献，已经被许多国家的实践所证实。而运输作为物流的重要环节，为实现低成本、高质量的物流服务，在整个物流过程中发挥着举足轻重的作用。

一、转型：公路运输业的一剂良药

我国传统公路运输如要在发展现代物流运输业中扮演重要角色，成为物流业中的主力，就必须使公路运输业满足现代物流的要求。

首先，传统公路运输也要打破运输环节独立于生产环节之外的界限，通过对供应链的管理建立起对公路运输业供、产、销全过程的计划和控制。

其次，传统公路运输业要突破运输服务是运力的观点，强调运输服务的宗旨是客户第一。

最后，公路运输业应着眼于运输流程的管理和高科技与信息化。

目前，国外公路运输业与电子商务日益紧密结合，并通过企业之间的兼并与联盟，加速向全球扩张。而国内公路运输业在现代物流方面的现状是体制落后，设备陈旧，物流服务意识落后，公路运输支持系统特别是公路运输所需的软件及硬件开发薄弱，缺乏统一规划和标准。

运输是物流最重要的环节，公路运输更是以其机动灵活，可以实现“门到门”运输的特点，在现代物流中起着重要作用。而要使我国公路运输业从目前的困境中走出来，必须融入现代物流，成为真正意义上的“第三方物流”。

二、问题

根据调研，保定运输（以下简称保运）集团目前面临的问题主要有：

1. 业务组织形式单一、流程落后

保运集团目前主要沿用传统的作业程序，只是对经营业务活动的各项具体操作实现了计算机管理，在具体作业环节上实现了无纸化作业，但是计算机应用水平低，运输信息相互交流速度慢，各部门的计算机没有实现联网，使得车辆的可控制性很低，车辆的回程时间不能得到控制。

保运集团的货物运输组织形式主要是采用直线职能式，其主要方式，一是零担运输组织形式。根据零担货物的特点，汽车零担货运是按照流水线作业的一种生产方式。它的作业内容主要包括受理托运、验货司磅、起票收费、入库、配货装车、货物运送、到站卸货和交付等。二是整车货运商务作业。内容包括货物托运与承运、装卸、开票、发车、运送与到达交付、运杂费结算、货运事故处理等。

目前对于零担运输而言，从承运到核对装车的时间平均为 5 天。对于整车货运而言，从承运到发车的时间平均为 4 天，这样大部分的时间都浪费在运输公司的货场中。从整车货运的业务组织上看，承运业务的发生需要 0. 5 天，验货需要 1 天，配运及调车需要 1. 5 天，装车及起票发车需要 1 天。而货车运行中的时间表就更不能够被及时地监控。

2. 物流服务意识缺乏

在保运集团从事专业运输的人员中，部分人员物流服务意识缺乏，企业服务水平比较低。除了传统体制原因外，最主要的原因在于缺乏开放的物流服务观念。服务意识缺乏集中表现在服务的被动性、波动性、短期性以及缺乏长期战略四个方面。缺少主动服务，这对保运集团企业来讲是相当被动的，大量的到达货物被铁路分流的人员和个体运输户抢走。

3. 物流作业信息化程度低

在保运集团长期以来从事专业物流的人员中，部分人员缺乏系统的专业培训。物流作业信息化程度低，主要沿用的是以大量消耗资源和粗放经营为特征的传统发展战略，重视发展的速度和数量，轻视发展的效益和质量；重视外延扩大再生产，轻视内涵扩大再生产。

发达国家面对的交通问题也是我们必然会遇到的，有些已经提前到来，因此中国需要发展智能运输系统，特别是我们面对即将到来的信息社会和我们的公路运输系统现状显得更为紧迫。

4. 工作效率低下，人浮于事

保运集团的人员组织结构，仍按典型的国家机关事业部门的人员编制，管理人员在思想行为上表现出僵化，在处理业务上仍旧采用计划经济体制下的管理方式，工作效率低，缺乏规范的自律机制，造成人浮于事的现状。

思考讨论

1. 请描述和分析保运集团存在的主要问题及其原因。
2. 试提出一个较好的转型建议方案。

（参考《电子商务物流管理》，屈冠银主编，机械工业出版社，2007.3）

提示

1. 传统运输企业的特点及其与现代运输企业的差异分析。
2. 保定运输集团瓶颈问题原因分析。
3. 保运集团优势与发展战略对策。

案例3：与保质期赛跑

一、运输的混乱

一月的北京，天气依然寒冷。可是零度以下的低温并没有降低北京红光熟食制品厂（以下简称红光）销售部物流经理林迪电话的“温度”。林迪从圣诞节开始几乎每天都在不停地接打电话，应付着销售终端传来的一个又一个坏消息。

“车坏了？要过几天才能回来？”“货拉错地点了？要隔一天才能送到？”“没有空闲的车辆来运货了？”……林迪每天都把精力花在处理运输的麻烦事上，对于终端的销售支持简直就是心有余而力不足。

通常在元旦和春节期间熟食制品需求量会增加很多，这一时期也是熟食制品生产商较劲的开始。红光目前却因混乱的物流网络先输一步。

“我们在运输的环节上，简直可以用‘失控’来形容。由于缺乏有效管理，送货需要走多长时间我们并不清楚，司机超期回来我们无法掌控。最要命的是，本应送到甲地的货物被送到了乙地，这一耽搁又是好几天……”林迪在年底的述职告中如是说。随着熟食制品市场的逐渐扩大，在红光想发力的时候，混乱的物流网络成了“瓶颈”。运输的灰色收入比较多，司机出去好几天都干了些什么，红光无法掌握。经常是司机一句“车坏了”，几天后运输的车辆才迟迟归来。在旺季正是需要大量供货的时候，无法及时调配车辆是红光的“心头之痛”。

运输的混乱，也使熟食制品的保质期受到考验，保质期是熟食制品的生命。

红光熟食制品原产地在北京，他们发现，有些过期的熟食制品又通过暗流渠道流回了北京市场，红光的美誉度急剧下降，销量自然上不去。

虽然红光拥有自己的运输车队，但是规模很小，只能满足北京地区主要客户的需求，在需要量大的时候往往捉襟见肘。红光使用了大批的运输服务商来解决运力问题，这些服务商规模不一、良莠不齐，很多与红光的合作关系都是临时的，这些服务商都由红光销售物流部直接管理。红光销售物流部不能有效地评估和考核这些服务提供商，无法准确地控制每一次产品运输的质量，对客户交货时间的承诺也是靠经验估计出来的。因此，每段路线都没有准确的时间表。车辆配载方案是运输服务提供商自己提出的，往往不能满足客户对时间、路线、重量、体积等要求，更谈不上配车效率和配载率。随着销售量和销售范围的扩大，运输服务商的队伍也逐渐壮大，这使得原本混乱的运输变得更加无序。

二、仓储的落后

同时，红光不仅内耗严重，对市场终端的管控也力不从心，造成销售计划的预算极其不准确，使安全数据的可信度几乎为零，红光还在各地设立了大量的销售分公司，每家分公司都租有仓库并配备车辆、人员、设备来负责当地的物流配送。

“仓储的管理都是人为管理，没有信息化。有时候仓库里明明没有货物了，还要签条子发货。而到了旺季，管理人员更是不知道仓库里还有没有货……”一位曾经参与过仓储管理的员工说。

林迪通过与员工的谈话了解到仓库的实际情况：不仅总部有仓库，各个分公司也有仓库。高居不下的库存成本占压了相当大的流动资金。有时有的仓库爆满，而有的仓库空闲，同时没有办法完全实现先进先出，这就使一部分熟食制品储存期过长，常出现产品过保质期的情况。仓库的管理方式仍是传统的人工记账，出错率高，而且各自为政，不能及时沟通。

高库存还有来自市场方面需求的不确定因素。由于没有销售终端的有效维护，红光无法准确地制订每月的销售计划，生产部门也就无法按照销售计划生产，而只能按经验以及销售部门提供的新的客户名单组织生产。由于红光对缺货的惩罚严厉，导致生产部门偏好“富裕”生产，简单地解决需求的不确定性。

三、简单地调整物流配送?

林迪一直在考虑使用供应链管理解决目前的一系列问题，而不是简单调整物流配送网络，也不是只拥有以 MRP（物料需求计划）为核心的 ERP 系统解决问题。供应链管理的意义并不是一个软件、一个操作系统就能涵盖的，林迪要解决的也不只是整条供应链里的营销供应链一个环节。

可以说，企业从原材料和零部件的采购、运输、加工制造、分销直至最终送到顾客手中的这一过程是一个环环相扣的链条。供应链管理是从原始应商到终端用户之间的流程进行集成，从而为大客户和其他所有流程参与者增值。哪些订单可能被延误？什么原因造成这种延误？安全库存要补充至多少？下一步的进度安排如何？现在能够执行的最佳的进度计划是什么？什么时候发货？哪儿存在什么问题？等等。良好的供应链系统必须能快速准确地回答这些问题。

上面的问题几乎个个都切中了红光的“要害”。一想起何时能发货，仓库里还有多少货品，管理人员不由得“头皮发麻”，因为他们对这些都不能做到心中有数。林迪希望建造的营销供应链能扭转这一状况。

“每个环节我们都希望能改进，如果能从采购—生产—营销全部改革，形成一个完整的供应链，这当然是最佳方案。但在研究后发现，营销供应链是当时我们最短的一块‘短板’。所以，由运输和库存为主的变革迫在眉睫。”林迪深有感触地说。

思考讨论

1. 红光食品厂的运输与库存中的主要问题及其原因分别是什么？
2. 试设计解决方案中“与保质期赛跑”的主要措施。

（参考《中国物流与采购》，2007（18））

提示

1. 运输与库存对物流的重要作用。
2. 红光厂的现状与优势、存在问题与原因剖析。
3. 运输、仓储一体化——供应链管理。

案例4：关于货轮途中遇险致损案

（一）

1999 年 4 月，中国北海粮油公司与巴基斯坦某公司签订了向中国进口 12 000 吨（240 000 包）白糖的合同，价格条件为 CFR，每吨单价为 437 美元。由中方向中国人民保险公司北海分公司投保了水渍险，该批货物由巴拿马籍某轮承运。在巴基斯坦某港装货的过程中，船长先后向托运人发出书面声明和抗议，指出货物堆放于码头无任何遮盖物并受到了雨水的污染，宣布货物为不清洁。而托运人为了结汇则出据了保函，以要求承运人签发清洁提单。船长在接受了保函的情况下签发了清洁提单。货轮于 5 月 23 日抵达北海港，经北海外轮理货公司理货，发现了 578 包有雨水污染，并确认货物又缺少了 608 包。

思考讨论

1. 收货人是否因为其签发了清洁提单而应向承运人索赔？
2. 承运人是否可以依保函要求收货人向托运人索赔？
3. 收货人是否应向保险人索赔，因为该批货物已投保了水渍险？

（二）

我国 A 公司与某国 B 公司于某年 10 月 20 日签订购买 52 500 吨化肥的 CFR 合同。A 公司开出信用证规定，装船期限为次年 1 月 1 日至 1 月 10 日，由于 B 公司租来运货的“顺风号”货轮在开往某外国港口途中遇到飓风，结果装至次年 1 月 20 日才完成。承运人在取得 B 公司出具的保函的情况下签发了与信用证条款一致的提单。“顺风号”于 1 月 21 日驶离装运港。A 公司为这批货物投保了水渍险。次年 1 月 30 日“顺风号”途经巴拿马运河时起火，造成部分化肥烧毁。船长在命令救火过程中又造成部分化肥湿毁。由于船在装货港口的延迟，使该船到达目的地时正遇上了化肥价格下跌，A 公司在出售余下的化肥时价格不得不大幅度下降，给 A 公司造成很大损失。

思考讨论

1. 途中烧毁的化肥损失属什么损失，应由谁承担？为什么？
2. 途中湿毁的化肥损失属什么损失，应由谁承担？为什么？
3. A 公司可否向承运人追偿由于化肥价格下跌造成的损失？为什么？

（参考《国际企业管理》，方虹主编，首都经贸大学出版社，2007）

提示

1. 承运人、船长、托运人各自的职责分析。
2. 有关国际法规、条例规定。

第六章 现代仓储与库存

实例1：透视“零库存”——汽车大众应用物流系统纪实

一汽大众汽车有限公司目前仅捷达车就有七八十个品种、十七八种颜色，而每辆车都有2 000多种零部件需要外购。从1997年到2000年年末，公司捷达车销售从43 947辆一路跃升至94 150辆，市场兑现率已高达95%～97%。与这些令人心跳的数字形成鲜明对比的是公司零部件居然基本处于“零库存”状态，而制造这一巨大反差的就是一整套较为完善的物流控制系统。

一个占地9万多平方米，可同时生产三种不同品牌的、亚洲最大的整车车间，它的仓库也一定非常壮观吧？可这里的人说：“我们这儿没有仓库，只有入口。”

走进一个标有“整车捷达入口处”牌子的房子，只见在上千平方米的房间内零零星星地摆着几箱汽车玻璃和小零件，四五个工作人员在有条不紊地用电动叉车往整车车间送零件。在入口处旁边的一个小亭子里，一位姓孙的小伙子正坐在电脑前用扫描枪扫描着一张张纸单上的条码——他正在把订货单发往供货厂。这时，一辆满载着保险杠的货车开了进来，两个工作人员见状立即开着叉车跟了上去。几分钟后，这批保险杠就被陆续送进了车间。据姓孙的保管员讲，一汽大众的零部件的送货形式有三种：

第一种是电子看板。即公司每月把生产信息用扫描的方式通过电脑网络传递送到各供货厂，对方根据这一信息安排自己的生产，然后公司按照生产情况发出供货信息，对方则马上用自备车辆将零部件送到公司各车间的入口处，再由入口处分配到车间的工位上。刚才看到的保险杠就采取这种形式。

第二种叫做直达工位。即公司按过车顺序把配货单传送到供货厂，对方也按顺序装货直接把零部件送到工位上，从而取消了中间仓库环节。

第三种是批量进货。供货厂每月对于那些不影响大局又没有变化的小零部件分批量地送1～2次。他说，过去这是整车车间的仓库，当时库里堆放着大量的零部件，货架之间只有供叉车勉强往来的过道，大货车根本开不进来。不仅每天上架、下架、维护、倒运需要消耗大量的人力、物力和财力，而且储存、运送过程中总要造成一定的货损货差。现在每天平均两个小时要一次货，零部件放在这里的时间一般不超过一天。订货、生产零件、运送、组装等全过程都处于小批量、多批次的有序流动当中。公司原先有一个车队专门在各车间送货，现在车队已经解散了。为什么短短几年的时间一汽大众就会有如此大的变化，公司生产服务部的规划员丁一飞自豪地说：我们用不到300万元的人民币打造了“傻子工程”。

在该公司流行着这样一句话：在制品是万恶之源。用以形容大量库存带来的种种弊端。在生产初期，捷达车的品种比较单一，颜色也只有蓝、白、红三种。公司的生产全靠大量的库存来保证。随着市场需求的日益多样化，传统的生产组织方式面临着严峻的挑战。1997年，“物流”的概念进入了公司决策层。考虑到应用德方的系统不仅要一次性投入1 500万美元，而且每年的咨询和维护费用也需要数百万美元，中方决定自己组织技术人员和外国专家进行物流管理系统的研究开发。1998年年初，公司成功开发了物流控制系统并正式投入使用。

这个仅用了不足300万元人民币的系统已经经受住了十几万辆车的考验。在整车车间，记者看到生产线上每辆车的车身上都贴着一张生产指令表，零部件的种类及装配顺序一目了然。计划部门按装车顺序通过电脑网络向各供货厂下计划，供货厂按照顺序生产、装货，生产线上的工人按顺序组装，一伸手拿到的零部件保证就是他正在操作的车上的。物流管理就这样使原本复杂的生产变成了简单而高效的“傻子工程”。令人称奇的是，整车车间的一条生产线过去只生产一种车型，其生产现场尚且拥挤不堪，而如今在一条生产线同时组装2~3种车型的混流生产方式下，不仅做到了及时、准确，而且生产现场比原先节约了近10%。此外，零部件的存储减少了，公司每年因此节约的成本达六七亿元人民币。同时，供货厂也减少了30%~50%的在制品及成品储备。先进的管理带来了实实在在的效益，也引发了一场深刻的管理革命。

随着物流控制系统的逐步完善，电脑网络由控制实物流、信息流延伸到公司的决策、生产、销售、财务核算等各个领域中，使公司的管理步入科学化、透明化。现在公司主要部门的管理人员人手一台微机，每个人以及供货厂方随时可以清楚地了解每一辆车的生产和销售情况。公司早已实现了“无纸化办公”，各部门之间均通过E-mail联系。德国大众公司每年的改进项目达1 000多个，一汽大众依靠电脑网络实现了与德方同步改进，从而切实改变了过去那种对方图纸没送来就干不了活儿的被动局面。工作方式的改善，不仅使领导层得以集中精力研究企业发展的战略性问题，也营造了一个充满激烈竞争的环境，促使每个员工不断提高自身的业务素质。

思考讨论

1. 什么是现代物流、JIT 和“零库存”？结合案例说明实现“零库存”的意义何在。

2. 结合本案例说明实现“零库存”的形式有哪些？

（参考《中外物流运作案例集》，物流技术与应用编辑部，
中国物资出版社，2006. 5）

提示

1. 物流、JIT、“零库存”的内涵及其实现条件。
2. 一汽大众“零库存”生产模式的特点描述及其带来的整体效果。

实例 2：开创国内现代物流之河——记上海全方物流有限公司

松江工业区位于上海城区南面（距市中心仅 38 千米），地处车新公路以西，南靠沪杭高速公路，沪杭铁路贯穿于整个工业区。通过沪杭高速公路和外环线，直接与沪宁高速公路相接，交通地理位置很适合现代物流企业的运输配送要求。

松江工业区是上海市首家市级工业区，自 1992 年 7 月启动至今，规划面积 20. 56 平方千米，开发面积已达 8 平方千米。该工业区的市政基础设施配套比较完善，现已着手进行第三期规划。2001 年，国务院特批的 15 个出口加工园区之一也落户松江工业区。目前，已有 20 多个国家和地区的客商投资了 270 家企业，引进外资超过 20 亿美元。其中著名的跨国公司已有 47 家，列入世界最大 500 家工业性公司和世界最大 100 家综合服务公司的国际知名企业已有 25 家，如美国的福特、巴特勒、道康宁、百事食品，英国的 ICI，日本的建伍、美能达、富士通、松下电工，瑞士的雀巢等，年产值已逾 150 亿元人民币。可以看出，松江工业区物流的发展空间广阔，物流的需求潜力巨大。但偌大的工业园区内当时还没有一家大型的具有综合规模的第三方物流企业，物流基础建设比较落后。

2000 年 6 月，上海商业储运有限公司为改变计划经济体制下国有仓储业落后的状态，适应市场经济发展的需要，高起点地进入现代物流市场，更好地迎接 WTO 的挑战，投资 2 600 余万元（第一期工程），在上海松江工业区建造规模 2 万平方米的现代化第三方物流配送基地，上海全方物流有限公司（以下简称全方物流或全方公司）应运而生。

上海全方物流与百事食品有限公司是供应链上的紧密型合作伙伴，全方物流是百事食品生产厂的物流配送中心，因此全方物流选址与百事食品生产厂毗邻。世界上常将第三方物流基地建在生产大厂的附近，体现了强强联合，生产厂商可大大降低物流成本，而第三方物流企业以自身物流管理的强项以及优良的软硬件环境，为厂商或货主及其客户提供优质的服务，从而获得丰厚的第三利润，并增强一体化供应链的竞争能力。全方物流服务的客户对象定位于外商独资企业、中外合资企业、国内的现代化企业，为其第三方物流企业的发展打下坚实的基础。

全方物流的领导非常清楚的一点就是随着全球经济一体化的发展态势，现代化企业管理的计算机信息化、数字化、网络化是至关重要的。对第三方物流企业来说，好的计算机信息管理系统尤为重要，因为厂商在寻找第三方物流合作伙伴时，首先考虑其是否有可靠的电脑系统，能否快速、正确地提供物流信息，能否高效地为物流作业提供及时有效的支持；其次才考虑其物流管理水平（包括人员素质）和物流的硬件设施。

全方物流目前运行的计算机信息管理系统是由上海博科股份有限公司根据上海商业储运公司研制开发的。该系统于 2001 年年初在全方物流运用并获得成功，准确率可达99% ~100%。该系统涵盖了所有的库存管理职能，包括进出仓登记、进货货位分配、出货仓位自动拣取、自动结算功能、库存日报表自动生成、仓位段位的利用率查询、库龄分析、盘点、库存异常报警以及温湿度管理等。2000 年 11 月，全方物流在集团公司的支持下为提高现代化程度，提高运作率和准确率，进一步降低运行成本，继续与上海博科公司合作，启动了物流管理现代化的第二期工程——无线数据通信技术与条码技术运用于物流作业中。RF 系统开发的指导思想是通过手提电脑对客户产品的条码以及“全方”货架编位条码进行激光扫描录入，手提电脑将输入的数据实时发送给库内无线电基站，无线电基站通过以太网将数据传送给无线通信服务器，数据解码处理以后传送至数据库服务器，数据库服务器根据接受的数据及操作类型对数据作判断和存储处理，处理结果立即返回给发送数据的手提电脑，整个过程瞬间完成，大大缩短了人工输入的时间，减少了输入差错，且做到了无纸化操作，从而达到提高效率、提高操作准确率和降低成本的目的。RF 系统包括商品进仓、出仓、移仓、盘点、随即抽点查询等功能，使全方物流的信息系统水平又提升了一个台阶。

公司配送系统的指导思想是用系统来代替人工配载/调度配送车辆的操作实施。即全方公司在接到上游公司客户的配送指令后，只要将指令内容录入，系统就会自动完成整个业务配送安排，包括给出合理的配送路线、合理的车辆类型、车种需求数、单车最合理的配载量等。

目前全方物流已通过计算机信息管理系统，大大提高了工作效率和准确性。就人力资源而言，与同等面积的老仓储企业相比，职工人数只占后者的1/3 ~1/2。在日均进/出货量为7 000 箱（5 000 立方米）的条件下两者效率的比较见表6 - 1。

表 6-1　人工处理与系统处理比较表

项　　目	人工处理	系统处理
日账务核账速度/小时	6	1.5
出货配单时间	与作业时间同步	2 小时
无复核出货配单准确率/%	90~100	99~100
处理日/月报表速度	4 小时	10 分钟
账务处理人员/人	10~12	1~2
在库商品动态反馈	隔日	即时
人为差错	高	低

全方物流作为第三方物流企业，其产业定位就是以优越的硬件设施为基础，运用现代信息和网络技术，运用现代企业组织和管理方式，对运输、仓储、装卸、加工、配送、信息等物流环节进行一体化经营，组织客户的产品从生产地到消费地之间的整个供应链的物流服务。全方物流具备了一个现代化物流企业所应拥有的一系列特征。可以说，全方公司是一座高科技和现代物流相结合的配送中心，全方公司的仓库是一座现代化的数字仓库。

全方物流的库房采用高平台彩钢板结构。库房长度为 12 米，沿口高达 10 米。全年库内温度最高 27℃。在库房东端设计了 100 平方米的铲车配电房和 200 平方米的流通加工用房，配电房可以同时停放 6 台电瓶铲车并同时充电，加工房可同时容纳 100 名作业人员进行包装工作。南端设计建造外置作业平台，高 1.3 米，长度 167 米，并配置 2 台液压升降平台，适合铲车直接驶入到各种厢型车辆进行装卸作业。在作业平台前，配备了 7 000 平方米的车辆周转场地，适合各种车辆的周转装卸运作。

在全方公司的库房内，配置了 7 056 个段位高层货架。该货架采用贯通驶入形式，以标准托盘存放货物，其特点是适用于批量大批次少的产品的存货、出货。每个段位的载重能力设计为 1 吨，高度平均为 2.5 米，分 4 层和 10 个区域。采用立体坐标标号方式进行货位编码，每层的货位高度可根据客户的要求自由调节，大大提高了库存面积使用率，仓库使用率为 170%。

有了高位的货架，就必须要有高位的铲车与之匹配。因为全方公司采用贯通式货架，所以在实际运行操作中对铲车的要求非常高。全方公司经过严格的比较，最终选择了德国永恒力电瓶铲车。首先，该铲车的提升高度可达 7.7 米，当门架提升到最高点时，载重可达 1 吨。其次该铲车门架晃动保护为专利设计，可以最大限度地减少门架在操作时的前后摇晃，作业人员及商品的作业安全得以大大地提高。另外，该铲车的转弯半径为 1.7 米，所以货架间的主通道的设计仅为 3.1 米，提高了库内实际面地利用率。

全方公司的经营理念是“CAN DO”和“为客户提供个性服务”，全方公司对此理解就是：做别人不愿意做甚至做不了的事。全方公司的主要客户为上海百事公司和上海日东电器公司。其中上海百事食品有限公司的业务量占全方物流业务量的70%。作为一家“世界500强”企业，它对后勤保障系统要求是非常严格的。在全方尚未建成之前，“百事食品”的整个物流存储业务量分散在上海三个地方，其中管理、协调都存在不同程度的问题，而且物流费用高。当全方物流公司诞生后，考虑到其独特的地理位置，以及巨大的运作潜力，现在百事公司已将其全部的储存业务全部转移至全方公司，一方面大大减少了自身的物流成本；另一方面提高了运作效率。2000年，全方公司调整了整个运作系统，使“百事食品”配送以及工厂仓库都做到了真正的“零配送”和“零库存”。“百事食品”生产线上下来的成品装载托盘后，直接由全方公司接运进库，由全方公司进行全方位管理，直到离开全方仓库配送到上海的每家超市的门店。真正实现了一体化物流供应链服务。另外，全方公司还为“百事食品”提供了流通加工和成品报废处理等一系列延伸服务，在提高全方公司营运收入的同时，也扩展了物流功能。此外，全方公司现在还提供“百事”24小时全天候运作，补货同时，凭证发货，真正满足了客户进行业务快速响应的要求，从而也提高了“百事食品”库存商品的周转率，降低了“百事食品”的库存成本。

除了具有先进的经营理念，还拥有一支高素质的员工队伍。全方公司的用人机制和管理制度是全新的。所有的员工全部采取劳动合同制，优胜劣汰。全方公司的操作工在进企业之前都须进行为期两个月的培训，两张证书是必需的，即铲车驾证和三级保管员证书。每一名操作员工都要熟练掌握三种以上的技术。整个全方公司的人员编制只有40名（24小时服务），这是以往同类物流企业配置人员数量的一半。而整个运作能力已超过以往的“百事食品”分散管理时100名员工的作业能力，这也是“百事食品”将全方公司视为重要战略合作伙伴的一个关键因素。全方公司员工队伍的平均年龄为27岁，大中专学历占90%以上。

组织管理的科学化意味着企业发展的迅速化。全方公司的职能部门设置为“三部一室一中心”，即营销部、运作部、财务部、办公室和计算机信息处理中心。营销部的职能是日常的运作管理以及对外的组织招商；运作部负责对下属四个班进行全天候调配，保证正常的作业；财务、办公室负责后勤保障；计算机信息处理中心则是全方公司的“心脏”，是整个运作体系的关键。“全方物流在前进”是“百事食品”对全方公司的评价。全方公司的目标就是要发展成为集快速运输、配送、保管、流通加工、结算、物流信息处理以及为客户提供物流方案和为客户提供物流培训等诸多功能为一体的一个真正现代化的第三方物流企业。

思考讨论

1. 现代化的第三方物流企业所具备的素质有哪些？
2. 如何理解计算机信息系统在现代物流发展中的作用？

3. 全方物流的设施设备配置情况如何？它的“CAN DO”以及“个性服务”有何特点？

（参考《物流管理概论》，王自勤主编，浙江大学出版社，2004.8）

提示

1. 现代的3PL企业应具备的条件，与一般物流企业的区别。
2. 全方物流的人、机、物、方法，特别是计算机信息系统特点。
3. 全方物流的“CAN DO”个性化服务归纳表述。

案例1：佳华的库存危机

佳华连锁公司自1997年成立以来，经过几年的努力，已成为在省内区域最大的连锁超市企业。有各种超市业态的大小门店300多家，并且有一个大型的配送中心。虽然公司发展势头强劲，但目前存在的一些问题已经开始显露出来。

首先是缺货或胀库的问题，如2003年某月份有200多个商品断货达一个月以上，有的甚至断货达数月，这就严重影响了门店的销售。但同时还有许多商品经常积压，形成胀库。表6－2是某个月任选的8种商品的库存数据和销量情况，它是公司库存情况的一个缩影。

表6－2　库存数据和销量情况

库存商品名称	库存商品代码	单位	本月期初库存数量	本月期末库存数量	本月销售数据
A	100023	件	584	606	714
B	110176	箱	1 236	964	3 300
C	230240	箱	2543	1 669	2 527
D	420031	件	34	44	23
E	120089	个	173	59	290
F	450192	箱	790	578	821
G	520157	件	77	195	122
H	340145	件	4 562	3 826	6 291

公司采购商品是根据预测来订购的。采购部门在根据过去历史销售数据，并对当前市场情况进行推测的基础上，预测出所需商品的品种与数量，然后与供应商进行商品的谈判与采购。但采购部门对不同地区和不同门店的需求并不能很好地把握。特别是新的商品引进方面，为满足不同地区、不同消费者的各种需求，公司需要引进大量的商品。但商品总量的增加并不代表销售数量的增加。如2002年公司引入的新品成活率只有30%多，近70%被淘汰。

在与供应商的合作方面，公司的员工抱怨供应商没有给予足够的支持，比如多次发生的送货延迟、送货的品种数量与订单不符等。而采购部门为了防止缺货，总是加大订货量，销售不出去的那部分可以退回供应商。退回的商品经常是零乱不堪的，甚至还有包装破损现象，供应商的意见很大。配送中心也需要投入大量的精力来处理这些商品，给配送中心的运营造成不小的影响。而门店对配送中心也有意见，认为配送中心经常断货，送货不及时，有破损。

此外公司的门店虽都有 POS 系统，但与公司的衔接不好，公司不能及时得到门店的销售信息。而配送中心的库存数据通过电子表格的方式报给采购部门，门店看不到这个数据，并且数据的准确性总难以令人信服。

佳华公司的高层管理者已经认识到必须要采取一些行动，否则公司的成长与壮大就是一纸空谈。

思考讨论

1. 根据表 6－2 所示数据计算每种商品的库存天数和总的商品库存天数（仅以表中给出的请 8 种商品为代表，当月天数为 30 天。计算结果保留一位小数）。计算结果填入表 6－3 中。

表 6－3　商品的库存天数和总的商品库存天数

库存商品名称	库存商品代码	单位	本月期初库存数量	本月期末库存数量	本月销售数据	平均库存	当月库存周转次数	库存天数
A	100023	件	584	606	714			
B	110176	箱	1 236	964	3 300			
C	230240	箱	2 543	1 669	2 527			
D	420031	件	34	44	23			
E	120089	个	173	59	290			
F	450192	箱	790	578	821			
G	520157	件	77	195	122			
H	340145	件	4 562	3 826	6 291			
合计								

2. 写一份案例分析报告，报告应包括对佳华公司目前存在的问题的分析及你认为合适的解决办法，字数不少于 500 字。

（参考《2006 年 5 月中国物流职业经理资格证书考试（中级）案例与实践（二）》）

提示

1. 计算：平均库存量，当月库存周转次数，库存天数与总库存天数。

2. 储存的原因与利弊分析。
3. 佳华库存现状、原因分析和对策。

案例 2：全盛公司的库存问题

全盛公司是北京一家家用电器制造商，年产各类家电 20 万台。公司拥有多种类型的产品，销往全国各地。公司对各种型号的产品实行统一的库存管理方法，经过一段时间出现了一些问题。例如，某些型号畅销，但是库存不足，丧失销售机会，而另外一些产品滞销，产生大量积压。为了解决这一问题，公司决定在库存管理中实行 ABC 分类管理法，针对不同产品制定不同库存策略。表 6－4 是公司产品库存管理分类的定义，表 6－5 是某地区 2005 年销售情况的统计。

表 6－4　公司库存产品分类定义表

产品分类	销量比例/%	贡献利润比例/%
A	5	30
B	25	50
C	70	20

表 6－5　某地区 2005 年销售情况调查表

产品型号	平均单价/元	平均库存/台	销量/台	利润/万元
N_1	980	300	1 650	20
N_2	1 090	280	3 200	11
N_3	2 960	20	500	62
N_4	1 360	185	1 000	48
N_5	1 280	160	2 250	13
N_6	1 300	170	1 400	46

请填表 6－6。

表 6－6　销售利润表

产品型号	平均单价/元	平均库存/台	销量/台	利润/万元	占总利润比例/%	累计利润比例/%	占总销量比例/%	累计销量比例/%
N_3	2 960	20	500	62				
N_4	1 360	185	1 000	48				
N_6	1 300	170	1 400	46				
N_1	980	300	1 650	20				
N_5	1 280	160	2 250	13				
N_2	1 090	280	3 200	11				
合计								

思考讨论

1. 简述库存管理 ABC 分析方法的定义。

2. 针对案例中给出的销售数据，请按照案例中给出的标准将不同产品进行 ABC 分类。

3. 根据分类的结果，全盛公司应分别采取哪些库存管理方法及管控要点？并阐述其理由。

（参考《2006 年 5 月中国物流职业经理资格证书考试（中级）案例与实践（二）》）

提示

1. ABC 分类法的定义表述。

2. 计算表中四列空格应填的数字，并据以分出 A、B、C 三类商品。

3. A、B、C 三类商品管理要点。

案例 3：走出“滞胀”困境

所谓滞胀，是指经济生活中同时出现了生产停滞、失业增加和物价水平居高不下的现象。在现代物流中，较高的库存水平保证了较高的产品及时可得性，可以说是物流状况较好；较高的库存水平造成了较高的库存成本，可以说是物流“滞胀”。

北京寒冷的冬天就快过去了，田梅的心情并没有因为天气转暖而有一丝轻松。最近一段时间，她的部门面临着提高备件供应管理水平的压力。田梅是美仁数码有限公司（以下简称美仁数码）的服务部总监，美仁数码主要生产电脑、MP3 等数码产品，另外也提供网络应用解决方案。美仁数码刚刚涉足数码产品领域，对数码产品的特殊性了解不够深入，尤其对数码产品备件供应管理的特殊性缺乏了解。因此，随着美仁数码的产品在市场上占有份额逐步扩大，销售量稳步增加，其备件管理面临“滞胀”困境，这也是数码生产企业在成长过程中都可能遇到的备件物流问题。

一、困境的形成

美仁数码服务部主要负责三个方面的工作：客户支持、服务渠道管理以及产品备件支持管理。前一段时间，田梅带领服务部设立了客户电话中心并规范了接单流程，通过对原有服务渠道的整合，逐步理顺了原来错综复杂的服务体系。从目前的情况看，客服电话中心管理、服务渠道管理效率很高，且运转正常，她终于有时间处理服务部的短板——备件管理问题。通过对服务部特别是备件管理工作的分析，田梅感到：备件管理面临诸多问题。

首先，在备件订单管理方面，产品备件订单具有少量、多频次的特点，单据的处理工作量大、效率低。美仁数码采用的是售后服务加盟店的方式，为客户进行维修等售后服务。这些服务商大部分具有丰富的数码产品维修经验与技术，但是对美仁数码产品的特性、质量等方面还不熟悉，无法准确预测产品的备件需求。各地加盟店为了尽量降低库存，通常使用“小步快跑”的库存管理策略，即店内存有很少的产品备件，通过频繁补货支持备件的消耗，通常一个加盟店每周会有2~3张备件申请单，每张申请单订购的备件数量不多。面对这种情况，服务部需要安排许多专人每天处理来自全国各地上百家加盟店传真到总部的备件订单。订单处理的时效性和准确性难以保证，直接影响到各加盟店的维修服务水平。但如果简单地增加订单处理人员又会增加部门人力成本。

其次，面临备件库存持续增高的压力。由于美仁数码产品销售量的不断增加，产品种类日趋多样化，仅备件管理种类就呈几何级数增长。为了达到目标满意度，备件库存就要不断增加。为了更好地支持各地维修加盟店的服务，公司在外地的维修加盟店都设有备件库房。面对高度分散的库房，服务部不仅很难确定全国实际的备件库存量，而且由于各地维修加盟店采用“小步快跑”的库存策略，对备件运输的时效及准确率要求极高，因此，造成了高昂的运输成本。

由于备件需求的不可预知性，使得备件的库存管理必须更大程度地依赖预测和库存参数设定的合理性。由于缺乏有效的预测模型、库存管理模型以及运作时间短、缺少统计预测数据等问题，为了提高备件订单的满足率，美仁数码只有采取增加备件库存的方法，这就造成了库存积压。

令人头痛的问题还有备件逆向物流管理的难度。逆向物流在整个备件物流系统中非常重要。与产品销售不同，备件在正向物流的同时也伴随着大量的坏损备件逆向回收物流。各加盟店维修替换下来的备件要退回备件总库，经服务部检验后再退回到零部件供应商进行索赔或者由服务部统一报废。备件能否在供应商的维保期内及时返回厂商，直接决定了备件能否得到厂商维修或偿付，从而直接影响了服务备件的成本。此外，还要防止坏损备件外流形成对正品的冲击。坏损备件退回总部后，除了确定坏损原因，有时还要进行异常处理。异常处理出现最多的情况就是“异码交换”。通常情况下，如果产品某个部件发生问题不能维修时，维修加盟店会使用相同的备件进行替换，那么返回总部的就是同型号的坏损备件；而有时由于维修点没有同型号的备件替换，只能使用性能相同的其他备件替换，如使用1只256 MB内存条替换2只128 MB的内存条，或者用日立的硬盘更换三星的硬盘，这就导致返回的坏损备件与总部发出的备件不一致，总部控制库存的账面与实际退库产品不相符，这就需要服务部审核“异码交换”备件的合理性，进行账面调整以还原库存的真实情况。当然，“异码交换”只是异常处理的一个问题，逆向物流管理的特性使得异常处理的情况非常多。美仁数码目前使用的信息系统是为满足成品物流管理需求所开发的，系统使用过程中出现的问题反映了成品的物流管理不适用于备件物流管理的复杂性。如对逆向物流的管理，由于成品的逆向物流少，所以信息系统在这方面的功能较弱，服务部就要花费大量的时间和人力处理退返异常。同时，因退返异常的单据无法在系统中实现关联对应，不利于备件账务的安全管理。

另外，部分逆向物流流程与正向物流相连，需要正向物流执行完毕后，再开始逆向物流，结果往往是坏损备件的“逆订单”发给总部很长时间后，坏损备件的物流还没有开始，造成整个订单执行过程较长，不仅影响客户满意度，也大大增加了订单跟踪的难度。

二、路在何方

田梅分析了目前存在的问题后，把备件管理的目标锁定为提高备件订单及时满足率、降低备件库存和备件管理成本。其中业务流程的再造、管理信息系统与备件需求预测模型、库存参数模型的建立是至关重要的。

思考讨论

什么是物流“滞胀”？美仁数码存在的问题是什么？请给出一个解决方案？

（参考《中国物流与采购》，2006（13））

提示

1. 公司“滞胀”的问题描述。

2. 分析“滞胀”原因。

3. 确立企业战略，进行业务流程再造，建立绩效评价制度，对现代信息技术、人员培训等实施系统化改造等。

第七章
流通加工

实例1：上海联华生鲜食品加工配送中心

联华生鲜食品加工配送中心是我国国内目前设备最先进、规模最大的生鲜食品加工配送中心，总投资6 000万元，建筑面积35 000平方米，年生产能力20 000吨，其中肉制品15 000吨，生鲜盆菜、调理半成品3 000吨，西式熟食制品2 000吨，产品结构分为15大类约1 200种生鲜食品；在生产加工的同时配送中心还从事水果、冷冻品以及南北货的配送任务。

生鲜商品按其秤重包装属性，可分为定量商品、秤重商品和散装商品；按物流类型，分为储存型、中转型、加工型和直送型；按储存运输属性，分为常温品、低温品和冷冻品；按商品的用途，可分为原料、辅料、半成品、产成品和通常商品。生鲜商品大部分需要冷藏，所以其物流流转周期必须很短，以节约成本；生鲜商品保值期很短，客户对其色泽等要求很高，所以在物流过程中需要快速流转。

一、订单管理

门店的要货订单通过联华数据通信平台，实时传输到生鲜配送中心，在订单上制订各商品的数量和相应的到货日期。生鲜配送中心接受到门店的要货数据后，立即在系统中生成门店要货订单，按不同的商品物流类型进行不同的处理：

1. 储存型的商品

系统计算当前的有效库存，比对门店的要货需求以及日均配货量和相应的供应商送货周期，自动生成各储存型商品的建议补货订单，采购人员根据此订单再根据实际情况作一些修改即可形成正式的供应商订单。

2. 中转型商品

此种商品没有库存，直进直出，系统根据门店的需求汇总，按到货日期直接生成供应商的订单。

3. 直送型商品

根据到货日期，分配各门店直送经营的供应商，直接生成供应商直送订单，并通过 EDI 系统直接发送到供应商。

4. 加工型商品

系统按日期汇总门店要货，根据各产成品/半成品的 BOM 表计算物料耗用，比对当前有效的库存，系统生成加工原料的建议订单，生产计划员根据实际需求做调整，发送采购部生成供应商原料订单。

各种不同的订单在生成完成或手工创建后，通过系统中的供应商服务系统自动发送给各供应商，时间间隔在 10 分钟内。

二、物流计划

在得到门店的订单并汇总后，物流计划部根据第二天的收货、配送和生产任务制订物流计划。

（1）线路计划：根据各线路上门店的订货数量和品种，做线路的调整，保证运输效率。

（2）批次计划：根据总量和车辆人员情况设定加工和配送的批次，实现循环使用资源，提高效率；在批次计划中，将各线路分别分配到各批次中。

（3）生产计划：根据批次计划，制订生产计划，将量大的商品分批投料加工，设定各线路的加工顺序，保证和配送运输协调。

（4）配货计划：根据批次计划，结合场地及物流设备的情况，做配货的安排。

三、储存型物流运作

商品进货时先要接受订单的品种和数量的预检，预检通过方可验货，验货时需进行不同要求的品质检验，终端系统检验商品条码和记录数量。在商品进货数量上，定量商品的进货数量不允许大于订单的数量，对不定量的商品需提供一个超值范围。对于需要进行重量计量的进货，系统和电子秤系统连接，自动去皮取值。

捡货采用播种方式，根据汇总取货，汇总单标识从各个仓位取货的数量，取货数量为本批配货的总量，取货完成后系统预扣库存，被取商品从仓库仓间拉到待发区。在待发区配货分配人员根据各路线各门店配货数量对各门店进行播种配货，并检查总量是否正确，如不正确向上校核，如果商品的数量不足或其他原因造成门店的实配量小于应配量，配货人员通过手持终端调整实发数量，配货检验无误后使用手持终端确认配货数据。

在配货时，冷藏和常温商品被分置在不同的待发区。

四、中转型物流运作

供应商送货类同储存型物流，先进行预检，预检通过后方可进行验货配货；供应商把中转商品卸货到中转配货区，中转商品配货员使用中转配货系统按商品先路线再门店的顺序分配商品，数量根据系统配货指令的指定执行，贴物流标签。将配完的商品采用播种的方式放到指定的路线门店位置上，配货完成后，统计单个商品的总数量/总重量，根据配货的总数量生成出货单。

中转商品以发定进，没有库存，多余的部分由供应商带回，如果不足在门店间进行调剂。

三种不同类型的中转商品的物流处理方式：

1. 不定量需称重的商品

设定包装物皮重；

由供应商将单件商品上秤，配货人员负责系统分配及其他控制性的操作；

电子秤称重，每箱商品上贴物流标签。

2. 定量的大件商品

设定门店配货的总件数，汇总打印一张标签，贴于其中一件商品上。

3. 定量的小件商品（通常需要冷藏）

在供应商送货之前先进行虚拟配货，将标签贴于周转箱上；

供应商送货时，取自己的周转箱，按箱标签上的数量装入相应的商品；

如果发生缺货，将未配到的门店（标签）作废。

五、加工型物流运作

生鲜的加工按原料和成品的对应关系可分为两种类型：组合和分割，两种类型在 BOM 设置和原料计算以及成本核算方面都存在很大的差异。在 BOM 中每个产品设定一个加工车间，只属于唯一的车间，在产品上区分最终产品、半成品和配送产品，商品的包装分为定量和不定量的加工，对于称重的产品/半成品需要设定加工产品的换算率（单位产品的标准重量），原料的类型区分为最终原料和中间原料，设定各原料相对于单位成品的耗用量。

生产计划/任务中需要对多级产品链计算嵌套的生产计划/任务，并生成各种包装生产设备的加工指令。对于生产管理，在计划完成后，系统按计划内容出标准领料清单，指导生产人员从仓库领取原料以及生产时的投料。在生产计划中考虑产品链中前道与后道的衔接，各种加工指令、商品资料、门店资料、成分资料等下发到各生产自动化设备。

加工车间人员根据加工批次加工调度，协调不同量商品间的加工关系，满足配送要求。

六、配送运作

商品分拣完成后，都堆放在待发库区，按正常的配送计划，这些商品在晚上送到各门店，门店第二天早上将新鲜的商品上架。在装车时按计划依路线门店顺序进行，同时抽样检查准确性。在货物装车的同时，系统能够自动算出包装物（笼车、周转箱）的各门店使用清单，装货人员也据此来核对差异。在发车之前，系统根据各车的配载情况列出各运输的车辆随车商品清单，各门店的交接签收单和发货单。

商品到门店后，由于数量的高度准确性，在门店验货时只要清点总的包装数量，退回上次配送带来的包装物，完成交接手续即可，一般一个门店的配送商品交接只需要5分钟。

思考讨论

1. 联华的物流加工内容、过程和特点是什么？
2. 你从案例中受到哪些启发？

（参考《物流管理案例与实训》，鲁晓春、林正章主编，
清华大学出版社，北京大学出版社，2005. 5）

提示

1. 流通加工的概念、形式和必要性。联华的流通加工过程主要环节及其特点归纳。
2. 现代化的加工配送中心的基本条件。

实例2：Reliance Steel & Aluminum公司的流通加工服务

Reliance Steel & Aluminum Co. 是北美最大的金属材料分销服务商。1939年，Reliance集团在美国加利福尼亚的洛杉矶成立，当时它还只是个钢铁修理铺。在随后的数十年中，Reliance集团逐渐发展成为一家钢铁和铝制品的分销商，在洛杉矶拥有一座单独的金属服务中心，公司通过它为顾客提供所有的分销服务。在整个20世纪60年代，Reliance集团为了扩展自己的业务，进行了几项并购活动，并兴建了可以提供附加服务的物流中心。在20世纪70年代，Reliance集团开始建立专业的金属物流中心，用于存储类似于铝、不锈钢、黄铜和铜等经过挑选的金属制品。该中心还配备了自动化的材料装卸以及精确的切割设备。

Reliance 集团公司主要为顾客提供诸如配送、金属加工和存货管理等服务。Reliance 集团公司从制造商处大批量买进金属制品，然后再小批量卖出。在 2002 年，Reliance 集团公司有 40% 以上的销售业务是在将货物送到制造商客户和最终用户手中之前，为顾客提供了金属加工服务。这些根据客户要求所做的服务通常是在接到用户订单后的 24 小时内完成的，服务种类有：纵向和横向切割、锯条、煅烧、表面处理、高精度锯割、剪切等。这些服务为顾客节省了时间、劳动力和成本，最终将为顾客节约制造总成本。在 2002 年，公司每个工作日处理大约 8400 件加工订单，平均每个加工订单约为 830 美元。

思考讨论

1. Reliance Steel & Aluminum 公司的流通加工有何特点？
2. Reliance Steel & Aluminum 公司的流通加工主要内容有哪些？还能扩展吗？

（参考《现代物流导论》，黄培编著，机械工业出版社，2005. 8）

提示

1. 流通加工的重要性、与生产加工的区别。
2. RS&D 公司流通加工特点描述。

案例 1：家乐福生鲜食品配送中心

家乐福生鲜食品配送中心专为家乐福服务，经营蔬菜类、水果类及干果类商品。该配送中心租用某示范农场的库房及办公区面积约 500 平方米，其中加工作业区面积约 330 平方米（分为收货区、加工区、配送区、临时存储区四个作业区），高 3 米左右；存储区、冷藏仓库面积为 70 平方米；堆码最高为 1. 8 米（为搬运方便）。配送中心里基本是人工作业，机械作业设备只有小叉车（4 台 ×650 千克）。入库商品由供应商负责运输、装卸，出库商品由配送中心负责配送。该配送中心的包装容器为平均承重为 25 千克的标准筐。

家乐福生鲜食品配送中心的蔬菜商品来源于天津五兴县蔬菜种植区，一般下午才收，晚上加工，第二天早上5:00配送到店。该中心平均每天加工配送时令蔬菜 10 吨，占京津两地“家乐福”所属 6 家店蔬菜销售量的 70% ~80%。蔬菜类商品的作业流程包括进货、拣选、打捆、清洗、装筐等，属于简单粗加工，目前尚未进行净菜加工，在配送中心不进行蔬菜保存。

该配送中心果品来源主要是南方水果及进口水果，本地产葡萄、苹果的量较少，平均日加工配送5吨，占京津两地“家乐福”所属6家店水果进货量的40%~50%；该配送中心干果供应占京津两地家乐福所属6家干果销售量的60%~70%。

思考讨论

1. 家乐福生鲜食品配送中心运用了现代物流的哪些知识和方法？
2. 该中心可以从哪些方面谋求进一步的发展？

（参考《物流管理案例与实训》，鲁晓春、林正章主编，清华大学出版社，2005.5）

提示

1. 配送中心分类。生鲜食品配送中心选址要求。
2. 配送中心规模、深加工分析。

案例2：我国农产品物流存在的问题

一、我国农产品特点及农产品物流业现状

1. 农产品物流的特点

农产品物流是通过对农产品产后的收购、加工、包装、储存、运输和配送等物流环节，做到农产品保值增值，最终送到消费者手中。

①农产品物流数量特别大，品种特别多。

②农产品物流要求高。一是由于农产品与工业品不同，它是有生命的动物性与植物性产品。所以，农产品的物流特别要求“绿色物流”，在物流过程中做到不污染、不变质。二是由于农产品价格较低，一定要做到低成本运行。三是由于农产品流通涉及保证与提高农民的收入，因此，在物流过程中，一定要做到服务增值，即农产品加工转化，农产品加工配送。

③农产品物流难度大。一是包装难，二是运输难，三是仓储难。虽然我国农产品物流活动出现得比较早，但无论是在农产品物流理论研究还是在实际操作上，我国农产品物流的发展都很缓慢。

2. 我国农产品物流业发展现状

农产品物流体系逐步完善，形成了从生产、收购、流通加工、运输、储存、装卸、搬运、包装、配送到销售的一系列组织环节。农产品物流主体和交易方式向多元化方向发展；农产品物流信息体系初步建立；农产品批发市场和农产品流

通中心发展较快。但是众多的参与个体和组织规模小、层次低、离散性强、联合性差，储运水平和组织化程度低；市场卫生检疫和安全性差，交易法规建设薄弱，交易规范化程度有待提高。

二、我国农产品物流存在的问题

1. 流通渠道比较单一

农产品的大宗物流一般都会经过这样几个主要环节：生产者——产地市场——运销批发商——销地市场——零售商——消费者，由于农产品中未经加工的鲜销产品占了绝大部分，而这样多环节的流通链条，无论是时间和流通效率，还是现有的保鲜手段都无法适应农产品的鲜销形式，因此相当一部分新鲜产品由于运价、运力、交通基础状况和产品保鲜技术的原因而损失巨大。当农产品集中上市时，物流不畅，加工能力不足，产销脱节严重，损耗情况更为突出。据有关部门统计，广东每年因水果、蔬菜等新鲜商品腐烂造成的损失达 7.5 亿元。目前农产品流通渠道比较单一，没有形成多渠道的营销体系。

2. 物流技术比较落后

“新鲜”是鲜销农产品的生命和价值所在，但由于鲜活农产品的含水量高，保鲜期短，极易腐烂变质，会大大限制运输半径和交易时间，因此对运输效率和流通保鲜条件提出了很高的要求。现在，我国的农产品物流以常温物流或自然物流形式为主，农产品在物流过程中的损失很大。有数据统计，我国水果蔬菜等农副产品在采摘、运输、储存等物流环节上的损失率达25% ~30%，而发达国家的果蔬损失率则控制在5%以下。

3. 物流投资不够

一直以来，我国在农业增产上的投入是全力以赴的，但保鲜技术和物流等后续农产品处理加工方面却明显相对投入不足。从农业产业链的整体来看，如果能够更多地关注生产、流通、加工一条龙的产业链经营，开发采用保鲜技术使果蔬损耗率减少一半，就意味着增产水果 500 多万吨，蔬菜 3 000 多万吨。美国农业目前的生产环节投入比例为 30%，产后投入比例为 70%；人员也是生产环节的人少，采后加工服务的人多。国外水果经过采后储藏加工，增值比例为1∶3.8；我国是1∶1.8的水平，原因在于我国的农产品绝大多数是由产地以原始产品（采摘后的初级状态）的形式销售，而农产品附加值的真正实现是在非产地，所以我国农产品鲜销的方式限制了农产品的增值。我国采后商品化处理为 1%，保鲜储藏比例不足 20%，加工比例不到 10%。我国生、鲜、冷供应链薄弱的现状和数量型的农产品生产形式存在很大的矛盾，问题不解决，高损耗的状况也将难以根本扭转。

4. 物流信息体系不健全

农产品物流流体的流向和流程，以及由此而产生的效率和效益与农业物流的信息体系密切相关，而现在农业物流信息系统所能提供的信息品种和质量都不能满足需要，缺乏有效的信息导向，农资和农产品物流的流向带有盲目性，流程不合理，这是导致在途损失严重、影响流体保值增值的重要原因。长期以来，农民对市场供求信息的获取渠道单一，手段缺乏，滞后失真现象严重，赶不上市场变化，要改变这种状况，迫切需要建立完善的信息采集、加工整理和发布体系。

5. 物流成本过高

农产品供应链中产销结合差是农产品采购和经营的“瓶颈”之一。目前，我国农产品的物流成本仍然偏高，而且很不稳定，运销成本的波动较大。尽管一些地方在当地开辟了农副产品运销“绿色通道”，但地方保护主义的现象仍然在不少地区不同程度地存在着，农副产品的跨地区外销障碍重重，这无形间增加了流通成本，加大了农产品大宗物流环节的经营风险，造成了大量积压和损失，挫伤了业主和农民的生产积极性。

6. 农产品交易方式落后

我国农产品的交易多采取“协商买卖”，即“对手交易”的方式。“协商买卖”交易方式存在着明显的缺点：一是协商买卖是买卖双方私下议价达成交易，不是竞价成交，透明度较低，竞争性相对较弱，不能充分体现公开、公平原则；二是一对一的议价需要寻找多个对手，不利于节约交易时间，不利于提高流通效率；三是对农产品的规格化、标准化要求低，商品档次不高。

思考讨论

1. 请结合实际谈谈农副产品物流中存在什么问题，试分析原因。
2. 试从现代物流加工的角度，给出一个较完整的创意方案。

（参考《物流管理案例与实训》，鲁晓春、林正章主编，清华大学出版社，2005.5）

提示

1. 农副产品物流的内容与特点。表述农副产品物流中存在的主要问题。
2. 落后原因分析，如思想、政策、体制、资金投入、信息建设、生产方式等。
3. 对策与可行性分析。

案例3：引导城市农产品深加工企业向农村转移

如何增加农民收入一直是我国经济生活中的一个重要问题，在当前全球金融危机的大背景下，出于应对危机的需要，中央及时做出政策调整，财政政策由“稳健”转向“积极”，货币政策由“从紧”转向“适度宽松”。“保增长、扩内需、调结构”的战略目标，使人们越来越认识到，增加农民收入、启动农民消费将成为中国应对金融危机、实现结构调整的一次战略选择。而为解决我国由来已久的“三农”问题，将农产品深加工企业向农村转移无疑是提高农村经济发展、增加农民收入的重要途径，无疑是解决广大农民“安于乡、富于土”的有效手段。

一、必须大力提高我国农产品深加工能力

我国是农产品生产和消费大国，改革开放30年来，农产品总量迅速增加，农产品供给已由长期的短缺转变为供求总量大体平衡，为增加农民收入，提高城乡人民的生活质量和水平，进一步发展轻工、食品工业创造了条件。但长期以来，由于农产品的深加工企业大都放在城市，农民只能靠出售原始的初级农产品作为收入。这些初始农产品价格低廉，农民单纯依靠种养业难以增加收入。而农产品在流通、加工等环节产生的几倍甚至十几倍的附加值，使城市经济锦上添花，从而更加大农村和城市的经济悬殊。尽管国家出台了许多刺激农村经济发展的政策，如土地流转、税费减免、粮食补贴以及推进农业经营体制创新，发展各种农业社会化服务组织，培育新型农村合作组织等一系列举措，但由于农村大部分农民的知识、科技、市场观念等还有待提高，再加上农户经营规模小，产品数量少，质量低，资金匮乏，信息闭塞，难以加工转化增值，难以增强市场竞争力。而长期以来，农产品加工业一直被认为是科技含量低，难以形成规模化经营的产业，受农产品加工企业不用大量投资，无须加大投入等观念的影响，农业产业化进程缓慢，“谷贱伤农”“农民增产不增收”现象依然十分严重。要解决使农业由低效益的产业成为较高效益的产业问题，必须在农村大批量地建设规模化、集约化的现代化农业以及与之相适应的现代化农产品深加工业。这是我们躲不开也绕不过去的必须破解的难题。

二、推进农业产业结构调整，加快农产品加工业向农村转移的步伐

主要的措施有：发展农业产业化经营，促进农产品加工业结构升级，扶持壮大“龙头”企业，培育知名品牌；强化主要农产品生产大县财政奖励政策，完善农产品加工业发展税收支持政策；加强农业标准化和农产品质量安全工作，严格产地环境、投入品使用、生产过程、产品质量全程监控，切实落实农产品生产、收购、储运、加工、销售各环节的质量安全监管责任，杜绝不合格产品进入市场。

推进农业产业结构调整，加快农产品加工业向农村转移的步伐，需要具备相当的经济发展基础和市场条件，还需要国家的大力扶持，特别是在政策、资金和

技术方面的支持。各地政府要充分发挥职能，健全投资机制，加大对产业结构调整的投入力度，引导和帮助农民通过多种形式进入流通、加工领域，提高组织化程度，通过农民合作经济组织和转移到农村的农产品加工企业，把千家万户的小生产与千变万化的大市场联结起来，把各种信息、新品种、新技术迅速传递到千家万户。

三、农产品深加工向农村转移，促进农村经济社会的快速发展

一大批从事农产品深加工的龙头企业转移到农村，往往会形成几万亩、十几万亩、几十万亩的产业带，几百户、几千户、上万户组成的产业群。在这些产业带和产业群中，从种养管理到产品加工储运的各个环节，配套地应用高新技术和现代设备，在种植上采用统一技术的标准化生产，在养殖上实行工厂化饲养，在加工储藏上引进国内外先进设备，形成现代化的生产流水线，可以有效提高产品的竞争力和企业的经济效益。国家要鼓励支持以多种形式进行新农村建设，扶持农产品深加工的重点“龙头”企业发展。从信息、技术、资金等方面为“龙头”企业搞好服务，支持“龙头”企业建设农产品生产、加工和出口基地，引进、开发和推广新品种、新技术，支持农产品加工企业、销售企业和科研单位带动农户进入市场，与农户形成利益共享、风险共担即“公司＋农户”的经营机制，形成规模化、专业化的生产格局。

农产品深加工企业向农村的转移，能够促进农村富余劳动力逐步从种植业向多种经营、农产品加工企业和小城镇转移，使农民“安于乡、富于土”，是提高农业劳动生产力的必由之路，也是使农村丰富劳动力资源得到充分利用、多渠道增加农民收入的客观需要。要引导农民更多地从事非农产业，加快农村富余劳动力转移，就要立足当地资源优势，重点发展农产品深加工、储藏、保鲜、运销等行业，积极发展高新技术产业和名、优、特、新产品，提高农产品深加工企业的科技水平和竞争能力。

思考讨论

1. 农产品深加工属于流通加工吗？生产加工与流通加工的区别有哪些？
2. 举例说明农产品加工业和农产品深加工向农村转移的意义和具体措施。

（参考《现代物流报》，2008. 3. 22）

提示

1. 流通加工的特点、农产品流通加工的特点及其对农民的重要意义。
2. 由城市向农村转移的农产品加工项目可行性分析。

第八章
配送与配送中心

实例1：沃尔玛的配送中心

沃尔玛诞生于1945年的美国。在它创立之初，由于地处偏僻小镇，几乎没有哪个分销商愿意为它送货，于是不得不自己向制造商订货，然后再联系货车送货，效率非常低。在这种情况下，沃尔玛的创始人山姆·沃尔顿决定建立自己的配送组织。1971年，沃尔玛的第一家配送中心在美国阿肯色州的一个小城市本顿维尔建立，这个配送中心供货给4个州的32个商场，集中处理公司所销的40%商品。

沃尔玛配送中心的运作流程是：供应商将商品的价格标签和UPC条码（统一产品码）贴好，运到沃尔玛的配送中心；配送中心根据每个商店的需要，对商品就地筛选，重新打包，从“配区”运到“送区”。

在配送中心内，货物成箱地被送上激光制导的传送带，在传送过程中，激光扫描货箱上的条码，全速运行时，只见纸箱、木箱在传送带上飞驰，红色的激光四处闪射，将货物送到正确的卡车上，传送带每天能处理20万箱货物，配送的准确率超过99%。

20世纪80年代初，沃尔玛配送中心的电子数据交换系统已经逐渐成熟。到了20世纪90年代初，它购买了一颗专用卫星，用来传送公司的数据及其信息。这种以卫星技术为基础的数据交换系统的配送中心，实现了自己与供应商及各个店面有效连接，沃尔玛总部及配送中心任何时间都可以知道每一个商店现在有多少存货，有多少货物正在运输过程当中，有多少货物存放在配送中心等；同时还可以了解某种货品上一周卖了多少，上一年卖了多少，并能够预测将来能卖多少。沃尔玛的供应商也可以利用这个系统直接了解自己今天、前一天、上一周、上个月和上一年的销售情况，并根据这些信息来安排组织生产，保证产品的市场供应，同时使库存降低到最低限度。

由于沃尔玛采用了这项先进技术，配送成本只占其销售额的3%，其竞争对手的配送成本则占到销售额的5%，仅此一项，沃尔玛每年就可以比竞争对手节省近8亿美元的商品配送成本。20世纪80年代后期，沃尔玛从下订单到货物到达各个店面需要30天，现在由于采用了这项先进技术，这个时间只需要2~3天，大大提高了物流的速度和效益。

从配送中心的设计上看，沃尔玛的每个配送中心都非常大，平均占地面积大约有11万平方米，相当于23个足球场。一个配送中心负责一定区域内多家商场的送货，从配送中心到各家商场的路程一般不会超过一天行程，以保证送货的及时性。配进中心一般不设在城市里，而是在郊区，这样有利于降低用地成本。

沃尔玛的配送中心虽然面积很大，但它只有一层，之所以这样设计，主要是考虑到货物流通的顺畅性。有了这样的设计，沃尔玛就能让产品从一个门进，从另一个门出。如果产品不在同一层就会出现许多障碍，如电梯或其他物体的阻碍，产品流通就无法顺利进行。

沃尔玛配送中心的一端是装货月台，可供30辆卡车同时装货；另一端是卸货月台，可同时停放135辆大卡车。每个配送中心有600~800名员工，24小时连续作业；每天有160辆货车开来卸货，150辆车装好货物开出。

在沃尔玛的配送中心，大多数商品停留的时间不会超过48小时，但某些产品也有一定数量的库存，这些产品包括化妆品、软饮料、尿布等各种日用品，配送中心根据这些商品库存量的多少进行自动补货。到现在，沃尔玛在美国已有30多家配送中心，分别供货给美国18个州的3 000多家商场。

沃尔玛的供应商可以把产品直接送到众多的商店中，也可以把产品集中送到配送中心，两种方案相比较，显然集中送到配送中心可以使供应商节省更多钱。所以在沃尔玛销售的商品中，有87%左右是经过配送中心的，而沃尔玛的竞争对手仅能达到50%的水平。由于配送中心能降低物流成本50%左右，使得沃尔玛能比其他零售商向顾客提供更廉价的商品，这正是沃尔玛能迅速成长的关键所在。

思考讨论

1. 沃尔玛配送中心的流程和设计是怎样的？
2. 它运用了哪些现代物流技术？有什么作用和效果？

（参考《中外物流运作案例集》，物流技术与应用编辑部，
中国物资出版社，2006.5）

提示

1. 工商企业物流运作模式分类。沃尔玛配送中心的业务流程及其特点。
2. 在沃尔玛，现代物流技术尤其是物流信息技术的重要作用效果。

实例2：谁能够真正动得了国美的物流“奶酪”？

以国美、苏宁、三联等大型家电专业连锁企业为代表的新型家电流通渠道，已经成为中国家电市场中成长最为迅速的快速分销渠道，市场影响力迅速提升。而其成为家电分销与流通的主渠道之一，不仅仅在于其规模优势，更为重要的是其连锁分销体系的效率和应对市场的快速反应能力。

事实上，只要是国美销售的任何一件产品，均是由他们自己送货并将产品调试安装到位，自然，与其他电器连锁企业相比，国美在物流上自成体系。国美物流的特色，主要体现在规模上，另一个则是其较特殊的操作方式上。

首先，从规模上看，国美的物流极大，其物流资源非常丰富，拥有北京、上海、广州、大连、香港等25个具备成熟物流运营经验的物流中心，标准库房总面积23.2万平方米，自有运输车辆186辆，签约运输车辆4 800辆，拥有物流服务专业从业人员2 000人，送货服务人员11 000多人。国美2003年的销售额，国内贸易部公布的数字为175亿元，而国美公布的则高达200多亿元。

其次，国美电器副总经理冯邵桐坦言，2003年开始实施的“集中配送”给国美物流带来了一次革命。

2002年3月，国美物流部成立，重新调整了国美物流未来发展战略，实施了一系列改革措施，将各地区的“大库”逐步改造成集仓储管理、配送管理、信息处理和流通加工等功能于一身的现代化的物流配送中心。国美开始全面实施“集中配送”的物流模式，即将所有冰箱、洗衣机、空调、彩电等大件商品和一部分小件商品集中储存在配送中心，所售商品由配送中心集中配送到顾客家中。在每一个地区，国美只设立一个配送中心，由这个地区和所有与之相邻的地区共同使用。这样一来，在国美商店里摆放的，除了客人用手可以拿走的之外，其余商品只是样机。集中配送后，国美公司每年减少调货车辆购置费用360万元，减少调货车辆使用费135万元，减少人工费用290万元，减少门店库房租金1 600万元。“集中配送”模式降低了冰箱、洗衣机、空调、彩电等大件商品的配送次数，大约减少配送商品总量的60%。相应地，也减少了装卸搬运次数和商品残次率。

此外，国美还拥有完善的物流信息系统，国美总部与26个分公司、各分公司与门店、物流中心之间通过ERP系统连接，商品进、销、存数据可以时时在线查询。国美销售的商品通过ERP系统传送到配送中心，再由中心给客人进行配送，在资源上实现了共享。在这方面，国内其他能达到这种程度的同类企业仍是凤毛麟角。

谁能真正动得了国美的物流“奶酪”？

思考讨论

1. 国美的物流运作模式有哪些特点？
2. 试了解国美的竞争对手苏宁、沃尔玛的物流服务特色。

（参考中国物流与采购网，http：//www. chinawuliu. com. cn/cflp/index_ anli. html）

提示

1. 自营物流的条件、优势和效果分析。
2. 查找资料将苏宁、沃尔玛的物流与之对比分析。

案例1：3PL大型配送中心存在的问题

利得公司是一家第三方物流公司，2005年年底承包了某个大型的配送中心。该配送中心主要是为当地及周边地区多家家电经销商做产品的配送业务。配送中心长170米，宽60米，建筑面积10 200平方米，中心的收发货平台可同时容纳近40辆车同时装载。中心的管理采用RF（无线终端扫描技术）并结合仓库管理系统（WMS）进行运作。中心的搬运设备包括前移式叉车、电动托盘拣选车、电动托盘车。货物的储存采用欧式托盘（0. 8米×1. 2米），目前中心日均出入库量约8 000箱（台）。

公司的业务量已经开始增加，目前又有一家电脑经销商也有意向把配送业务交给利得公司。但现在出现的一些现象已引起公司的注意，比如进出配送中心的车辆越来越多，而中心仓库外面的面积是有限的；供应商反映配送中心收货时间长、速度慢；各环节运作的差错率有提高的趋势。公司的管理层已经认识到必须对配送中心的运作流程进行优化和细化，做好充分准备迎接业务量的增加，同时也要充分利用配送中心的资源，进一步降低成本。

思考讨论

1. 结合案例，请回答一个配送中心完整的运作流程包括哪些环节。
2. 如何充分利用“中心”的现有资源，进一步降低成本？

（参考《2006年5月中国物流职业经理资格证书考试（中级）案例与实践（二）》）

提示

1. 大型配送中心较规范的运作流程。
2. 目前，该中心存在的几个问题及其根源分析。
3. 强化管理，降低成本的对策。

案例2：药品配送中心的拣货难题

康达公司是滨海市一家专业从事医药产品批发、零售的大型医药公司。其服务对象为滨海市及周边地区近千家医院、药品零售店。同时，公司拥有注册会员10余万人。公司经营范围覆盖全国600家医药厂商，近6 000种医药产品。

公司大胆创新，采用国际先进的配送方式进行产品销售，并为此建立了统一的客户订单处理和仓储配送系统，以达到快速、准确处理客户订单、快速配送的服务目标。

公司建有一大型药品配送中心，是一个4层的建筑物，每层2 000平方米。在配送中心一层，分别设有收货平台和发货平台，以及订单处理中心、管理部等。二层以上为药品存储区。配送中心在一层设有发货组，在存储区分别有仓库保管员及拣货员。配送中心使用一部货运电梯完成各楼层间的货物的转运、传递工作。

公司目前的订单处理流程是：各类客户订单生成以后，由订单中心统一进行处理，在订单系统中生成发货单。配送中心接受到系统中的客户发货单后，在仓储系统中生成拣货单。拣货员按照拣货单在各楼层进行拣货，拣货完成后，将拣货单及拣货后的药品，送到一楼的发货组，进行包装发货。拣货员穿梭在各个楼层库位，平均每张订单的拣货时间为10～20分钟，工作量十分大。

由于公司销售规模的快速扩大，这种订单处理方式也暴露出越来越多的缺点。拣货人员面对大量的客户订单，要一次次穿梭于各层的存储区；由于工作量大，出错的订单增加不少，这时电梯也成为一个制约拣货效率的“瓶颈”，拣货员和发货组不得不靠加班来满足日益增长的订单。

面对困境，公司的物流管理部门在经过多次考察分析后，决定采取适应的改进措施提高拣货效率，减少差错和工作量。

思考讨论

1. 请说明摘果式和播种式两种拣货方式的具体操作方法及各自的优缺点。
2. 请描述分析该配送中心所面临的问题，并运用有关仓储管理的知识，提出解决方案。

（参考《2006年5月中国物流职业经理资格证书考试（中级）案例与实践（二）》）

提示

1. 摘果式和播种式拣货方式的定义、各方式的优缺点分析。
2. 公司存在问题与原因分析。
3. 解决方案：如拣货方法、区位调整、人员培训、设备投入等。

案例3：宏达汽修厂向你咨询

宏达汽车修理厂需要修建各种各样的、不同年份的汽车，通常一辆汽车大约有15 000个配件。修理厂若建立自己的汽车配件仓库，虽然能够提高汽车修理速度，但是将会造成很高的库存成本，同时也无法保证各品牌汽车的配件齐全。类似宏达厂情况的汽修、汽配厂、店很多。而其中90%以上都是非公经济，目前表现的一些症状是：服务、营销观念落后，手段单一；小规模的经营方式；交易秩序、维修标准混乱；价格的无序竞争；职业道德和经济信用的缺失等；假冒伪劣配件泛滥。

思考讨论

请帮助汽修、汽配厂设计一个合理的物流系统方案，在保证修理厂、配件厂服务水平的条件下，尽力降低成本。

提示

1. 汽配中心的作用。
2. 汽修汽配当前存在主要问题及原因分析。
3. （可走访汽修汽配店厂）汽车配件进货、库存与管理措施。

第九章
物流信息系统

实例1：信息技术能否消除牛鞭效应

有人说，信息技术是可以消除牛鞭效应的。如在企业内部采用ERP和APS系统，在企业间采用供应链管理（SCM）系统，运用Internet/EDI技术，开展电子商务，对各信息系统进行集成，实现企业间的业务数据集成和信息共享，应用供应链协同技术使供应链上下游企业间业务流程的整合，共同协作开展业务，都能有效地消除牛鞭效应。

此外，消除牛鞭效应最重要的因素是上下游企业间建立紧密的伙伴关系，只有在供需双方相互信任，利益共享和风险共担的基础上，才能公开各自的业务数据，共享信息和业务过程，也只有在企业达成这种伙伴关系的前提下，利用先进的信息技术和信息管理系统，才能有效地解决各种因素的影响，真正地消除牛鞭效应。

这里给出一个利用信息管理技术来消除牛鞭效应的实例。雀巢公司与家乐福公司在确立了亲密伙伴关系的基础上，采用各种信息技术，由雀巢为家乐福管理它所生产产品的库存（供应商管理库存（Vender Management Inventory，VMI））。雀巢为此专门引进了一套VMI信息管理系统，家乐福也及时为雀巢提供其产品销售的POS数据和库存情况，通过集成双方的管理信息系统，经由Internet/EDI交换信息，就能及时掌握客户的真实需求。为此，家乐福的订货业务情况为：每天9:30以前，家乐福把货物售出与现有库存的信息用电子形式传送给雀巢公司；在9:30—10:30，雀巢公司将收到的数据合并至供应链管理（SCM）系统中，并产生预估的订货需求，系统将此需求量传输到后端的APS/ERP系统中，依实际库存量计算出可行的订货量，产生建议订单；在10:30，雀巢公司再将该建议订单用电子形式传送给家乐福；然后在10:30—11:00，家乐福公司确认订单并对数量与产品项目进行必要的修改之后回传至雀巢公司；最后在11:00—11:30，雀巢公司依照确认后的订单进行拣货与出货，并按照订单规定的时间交货。这样，由于及时地共享了信息，上游供应商对下游客户的需求了如指掌，无须再放大订货量，有效地消除了牛鞭效应。

思考讨论

1. 什么是牛鞭效应？原因何在？
2. 信息技术能解决这个问题吗？为什么？

（参考《现代物流导论》，黄培主编，机械工业出版社，2005.8）

提示

1. 传统采购弊病与牛鞭效应。
2. 信息技术内涵与内容。物流供应链与物流信息技术的作用分析。

实例2：联华超市配送中心条码解决方案

联华超市股份有限公司是当前国内连锁零售业的领军企业，总部设在上海，连锁门店已经扩张到全国各个区域。联华超市现有便利、标准门店、大卖场三种业态的门店1 000多家，多种资产结构（自营、加盟、合资合作）并存。建有2个常温配送中心和1个生鲜配送中心。

近几年来，面对国际连锁商业巨头大举进入中国抢滩，联华超市面向全国“跳跃式”地布点，规模扩张明显提速。目前，这家公司已发展至1 900家门店，2002年平均每天开出2.5家网点，2002年1～11月份，销售额同比增长27.84%，利润总额同比增长55.7%。按照计划，到2005年，联华的网点规模将达到6 000家，销售规模达800亿元。一艘巨大的本土商品零售业航母隐约浮出水面。

入世后，联华超市在新的国际国内环境下，积极与国际实业开展合作，巧借外力运作资本，先后吸纳上实资产经营有限公司、日本三菱商事株式会社等公司入股，将国有独资公司改制为“内外联”控股的上海联华超市有限公司，引进资金8 000多万元；以合资方式开拓市郊及外省市市场，吸收跨地区、跨所有制的社会资本5 500多万元。资本“瓶颈”一旦打开，联华超市如虎添翼。联华超市相继收购百家便利、东方超值、南京长江超市、苏州百汇、杭州金龙万家福等众多连锁企业，参与药品零售、食品加工等相关业态，又吸纳社会资本1.2亿元，联华超市有了突飞猛进的发展。

一、企业对信息化的需求

随着企业资本“瓶颈”的打开，联华超市的扩张速度日益加快。1996年后，联华以平均每两天新开1家门店的速度发展，到2001年年底，门店规模已达1 225家，为全国之最，网络覆盖面上升到10个省80多个城市，整体效益可观。但是联华规模扩张的提速，在传统管理模式上很快暴露出不少深层次的矛盾和问题，首当其冲的就是传统的物流已经不能适应公司庞大的便利店销售网络中商品的顺畅流通。建立现代化物流系统，降低物流成本成为联华便利店在竞争中掌握先机的关键。

联华超市成立之初，就拥有了统一采购、统一配送等现代连锁商业的特征。但是与国际商业巨头相比，形似而神不似。比如，从门店订货到总部配送完全靠手工操作，手续相当繁复，效率低下。有位门店店长说，下大雨时雨伞卖得断档，当你及时发出订货单后，雨伞根本不会在半天内送到，伞到了，雨早停了。放眼世界，沃尔玛等世界商业巨头已开始用卫星传输信息，跨国商品的调配就像在本地一样迅捷。面对如此巨大的差异，联华超市的企业决策层决定将信息化项目推上去。

联华超市结合国际的先进实施经验，充分考虑集团的实际情况，因地制宜，为便利"量体裁衣"，设计了一套完整的解决方案，即利用现有的建筑物改建成物流中心，采用仓库管理系统（Warehouse Management System，WMS）实现整个配送中心的全计算机控制和管理，而在具体操作中实现半自动化，以货架形式来保管，以上海先达条码技术有限公司提供的无线数据终端进行实时物流操作，以自动化流水线来输送，以数字拣选系统来拣选。另外，在设备的选择方面也采取进口货与国产货合理搭配。这个方案既导入了先进的物流理念，提升了物流管理水平，又兼顾了联华便利店配送商品价值低、物流中心投资额有限的实际情况。在整个方案设计里，不求一步到位，不求设备的先进性，而是力求使合理的投入得到较高的回报。

二、配送中心应用信息化项目的作业流程

1. 进货入库

进货后，立即由WMS进行登记处理，生成入库指示单，同时发出是否能入库的指示。如果仓库容量已满，无法入库时，系统将发出向附近仓库入库的指示。接到系统发出的入库指示后，工作人员将货物堆放在空托盘上，并用手持终端对该托盘的号码及进货品种、数量、保质期等数据进行进货登记输入。

在入库登记处理后，工作人员用手动叉车将货物搬运至入库品运载装置处。按下入库开始按钮，入库运载装置开始上升，将货物送上入库输送带。在货物传输过程中系统将对货物进行称重和检测，如不符合要求（例如超重、超长、超宽等），系统将指示其退出；符合要求的货物，方可输送至运载升降机。

根据输送带侧面安装的条码阅读器，对托盘条码确认，计算机将对托盘货物

的保管和输送目的地发出指示。当接到向第一层搬送指示的托盘在经过升降机平台时，不再需要上下搬运，将直接从当前位置经过一层的入库输送带自动分配到一层入库区等待入库。接到向 2 ~ 4 层搬送指示的托盘，将由托盘升降机自动传输到所需楼层。当升降机到达指定楼层后，由各层的入库输送带自动搬运货物到入库区。

货物在下平台前，根据入库输送带侧面设置的条码阅读器，将托盘号码输入计算机，并根据该托盘情况，对照货位情况，发出入库指示，然后由叉车从输送带上取下托盘。叉车作业者根据手持终端指示的货位号将托盘入库，经确认后，在库货位数将进行更新。

2. 商品拣选

当根据订单进行配货时，WMS 会发出出库指示，各层平台上设置的激光打印机根据指示打印出货单。在出库单上，货物根据拣选路径依次打印。这时，系统中的商店号码显示器显示出需要配送的商店号码，数据显示器显示出需要拣选的数量，同时工作人员在空笼车上的塑料袋里插好出库单，在黑板上写上楼层号和商店号，并将空笼车送到仓库。做好以上准备后，方可进行商品拣选工作。

工作人员在确认笼车在黑板上记载的商店号码与商店号码显示器显示的一致后，开始进行拣选工作。根据货位上数码显示器显示拣选的数量，依次进行拣选。数码显示器配备的指示灯可以显示三种不同颜色，分别对应箱、包、件三种不同的拣选单位，以满足各种拣选需求。当拣选作业结束后，按“完了”按钮。

各平台仓库分成 17 个拣选区域，区域内拣选结束后，区域拣选“完了”指示灯会自动闪亮，工作人员再按下区域拣选“完了”按钮，便可继续进行下一个区域的拣选工作。当各个区域内所有拣选处理结束后，系统将自动显示出下一个商店的拣选数据。

3. 笼车出库

当全部区域拣选结束后，装有商品的笼车由笼车升降机送至一层。工作人员将不同商店分散在多台笼车上的商品归总分类，附上交货单，依照送货平台上显示器显示的商店号码将笼车送到等待中对应的运输车辆上。计算机配车系统将根据门店远近，合理安排配车路线。

4. 托盘回收

出货完成后，工作人员将空托盘堆放在各层的空托盘平台返回输送带上，然后由垂直升降机将空托盘传送至第一层，并由第一层进货区域的空托盘自动收集机收集起来，随后送到进货区域的平台上堆放整齐。

三、信息化项目的实施效果

联华超市充分运用信息化技术，在上海建成了第一个大型智能化物流配送中心、第一个现代化生鲜加工配送中心，总面积达 56 713 平方米，条码、扫描仪、铲车、计算机房、门店的计算机……组成了现代化信息物流系统，在具体的实际运作中收到了良好的经济效益和社会效益。例如，百货类配送，从门店发出要货指令到配货作业完毕，以前要 4 小时以上，现在只要 40 分钟。生鲜类配送更加讲究效率，门店从网上发出要货指令后，配送中心会根据每个门店的要货时间和地点远近，自动安排生产次序，自动加工，自动包装。以一盒肉糜为例，从原料投入到包装完毕，整个过程不超过 20 分钟。据了解，联华超市目前的配送费率比沃尔玛还低 2.5 个百分点。

原来为集团便利门店配送的配送中心，场地狭小，科技含量低，人力资源浪费。每天的拆零商品在一万箱左右，单店商品拆零配置时间约需 4 分钟，人工分拣的拆零差错率达 0.6%，而且每天只能配送 200 多家门店。

集团便利配送中心建成后，以其高效率、低差错率和人性化设计受到各界的好评。物流中心所有操作均由计算机中心的 WPS 管理，将在库存信息与公司 ERP 系统连接，使采购、发货有据可依。新物流中心库存商品可达 10 万箱，每天拆零商品可达成 3 万箱，商品周转期从原来的 14 天缩短到 3.5 天，库存积压资金大幅降低；采用 DPS 方式取代人工拣选，使差错率减少到万分之一，配货时间从 4 分钟/店压缩到 1.5 分钟/店，每天可配送 400 多家门店，配送准确率、门店满意度等有了大幅提升，同时降低了物流成本在整个销售额中所占的比例，从而为集团的便利店业态的稳定发展奠定了坚实的基础。

联华超市将借鉴过去在信息化建设中的成功经验，在现有基础上继续加大科技投入，进一步加强企业的信息化科学管理规范，使公司在新的国际化市场竞争中不断做大、做强，力争跻身于国际零售业强林之中。

思考讨论

1. 联华对物流信息化要求的背景是什么？
2. 试图解联华配送中心信息流和物流流程。
3. 联华超市配送中心的条码解决方案为什么会获得成功？

（参考《物流管理概论》，王自勤主编，浙江大学出版社，2004.8）

提示

1. 物流信息技术对现代物流的重要作用分析。
2. 联华物流中心的物流、信息流流程表述与成功归因。

案例1：寻找答案

林兰，仲景医疗器械公司（以下简称仲景公司）客户服务中心以及物流部经理，现在在他办公桌上放着公司新生产医用内窥镜。虽然他不知道这种新型产品的销售前景如何，但是他知道新品投入市场后可能会出现一段时间的供应短缺。为了解决这种短缺，通常要保持新产品较高的库存成本及较高的销售价格，这是他在近几年几十种新产品投放市场后总结出的经验，他在思考如何通过物流手段避免这一情况的发生。

一、繁荣背后的隐患

仲景公司通过开发新型的器械和最好的销售队伍，在激烈的市场竞争中获得了成功，从母公司拆分出来仅 3 年，就占领了内窥镜等相关医疗器械的主要市场。每年公司都会推出十几种新产品。

尽管取得了成功，但林兰注意到顾客的满意度在下降。新产品的推出是仲景公司快速产品研发战略中的重要环节，需要谨慎，以保持公司的声誉和其他产品的销售。但是仲景公司常常不能在订单蜂拥而至的时候及时满足顾客需求，产能变得越来越紧张，以致顾客需要等待 6 个星期以上才能收到货物。

仲景公司整个产品线共包括 200 多种最终产品，如果不能很好地解决产品交付不及时的问题，公司通过激烈竞争得来的市场份额将付诸东流。林兰决定认真梳理一下产品包括生产在内的每一个物流环节。

二、各自为政的生产与采购

制造内窥镜的生产过程包括三个主要步骤：零部件装配、产品包装和产品消毒。

整个运营中心由运营副总裁李斯负责，其下属包括 4 个生产工厂经理和供应商管理、计划、配送、客服主管。其他副总裁分别负责市场和销售、产品研发以及财务。每个工厂独立组织生产，其经理负责管理生产人员、工程技术人员、质量保证，支持服务和原材料采购。几个营业单位直接向工厂经理汇报，每个营业单位全权负责特定产品系列的装配、包装和消毒过程。中心的计划确保足够的成品可以满足订单，工厂经理据以制订月生产计划。而营业单位根据月生产计划来确定周计划和日计划。每个装配营业单位最重要的工作是实现每周的生产计划。库存经理为营业单位确定成品库存策略和建立零件及散装产品库存的指导原则。

同样，供应商管理部门以及计划、配送和客服部门也都是独立的，分别负责各自对应的生产工厂。每个独立个体之间矛盾丛生，经常为争夺同一原材料供应商的优先供应权而提高原材料的采购价格，并且在使用公司统一的配送资源时会产生纠纷。

三、业内通用的配送渠道

仲景公司的配送主要有两个渠道——国内经销商和国际联属企业。第一个渠道是由国内的分销商或经销商将产品直接运往医院，通常是经销商向多个厂家订货，他们会有数百种产品的库存。由经销商供应产品，医院不必再向制造商零散订货。另外，由于经销商拥有遍布全国的地区性仓库，仓库到供货医院的距离都较短。有时候，经销商的卡车一天送两次货，从而降低了医院的库存和材料成本。

地区经销商仓库以独立实体方式运作，他们自行决定订货的时机和订货批量。因此，虽然仲景公司只设立了 4 ~ 5 个分销公司。但会收到来自数百个独立运作的地区仓库的订单，并要把货物运送到这些仓库，而每个仓库又要分别运送产品到数十个或更多的医院，这样就有数千家医院能收到仲景公司的产品。

国际销售的分销渠道由仲景医疗保健公司的国际联属企业负责。国际联属企业是仲景医疗保健公司全资设立在国外的附属机构，与国内经销商类似。联属企业只负责自己所属地区的医院配送。一个联属企业运送产品可能要横跨整个国家。产品运送程序是：国际联属企业提交订单给仲景公司，而仲景公司以产品满足其要求。

四、复杂的生产预测

生产计划与预测流程分为两部分：基于每月预测的产品装配和零部件订购计划。

在每个财政年度的第四季度，市场和财务部门要确定下年度预测，根据每个月的周数，将年度预测按比例拆分成每个月的预测。中心计划部门与市场部门根据实际的市场趋势和发生的事件调整预测值。在每月初，由市场部门和中心计划部门共同调整当月的预测。

基于每月的预测，中心计划部门确定需要从未包装产品库存转移到成品库存的产品数量，即成品的“转移需求”，尽管转移需求计划不一定真正被用于装配计划或包装与消毒工艺，但它提供了每日的预计生产总量。

装配计划和零件的订货补充基于月需求预测和当前的库存水平。每月中旬，需求预测的月计划一完成就被送至装配经营单位，经营单位将预测输入物料需求计划系统，以生成每周的生产计划和每个成品需要的零部件订货量，系统制订装配计划和零部件订购计划的物料需求计划基于：①月预测；②装配、包装和消毒的提前期；③当前的零件；④未包装的在制品和最终产品的库存水平。

五、根源何处

林兰认真分析了整个产品的物流过程，确定了一点：虽然新产品在市场上畅销，但是每个新产品的推出导致了供应方面产生了问题，正是这个问题导致了产品成本的增加。

但是，林兰无法确定为什么仲景公司会存在新产品推出后的供应短缺问题。预测绝对是一个问题，但是确定其影响的程度是困难的。以前并没有对预测准确度进行数据跟踪，也没有更好的方法可以采用，预测也只能有限度地改进。

新产品推出的问题还包括成品库存水平过高。林兰发现，在不影响服务水平的前提下，总库存可以至少降低 40%。尽管库存水平较高，但 2003 年实际的服务水平却令人失望的低于企业目标。

另一个引起问题的原因，是经销商和联属企业的“恐慌订购”。恐慌订购是由于经销商或联属企业不能确定是否能按时收到产品，因此增加订货批量，而这样做就使需求临时增加，这就是为什么仲景公司的需求总是大于供应。由于经销商考虑到地区仓库本身的分散化特征，无法控制各个仓库的订货时机，因此纷纷采用恐慌性订购。

林兰对新产品推出问题和库存与服务水平之间的矛盾进行了调查。与仲景公司本身的分散化特征相一致，信息存在于公司不同地区的不同系统中，没有一种固定的方式可以找到某个特定产品即将到来的需求、库存或生产率。这些数据放在一起，通过历史数据的简单线性回归分析可以表达以下信息：新产品在推出后的需求遵循一定模式，即由最初几周达到高峰，但随后立即变得相对稳定；生产计划的变动经常大于需求的变动。

思考讨论

1. 仲景公司产品为什么不能及时满足顾客需求？
2. 如何在降低成本和提交客户服务水平之间找到“均衡”？

（参考《中国物流与采购》，2006（14））

提示

1. 信息管理系统的含义及其在物流管理中的重要意义。仲景公司在供应链的采购、生产、销售等各环节存在的问题。

2. 问题归因分析与当前企业竞争的关键所在，对策分析。

案例 2：条码与 RFID 之争

得好衬衫公司（以下简称得好公司）总经理洪海滨没有料到，一个二选一的问题让他如此难以决断。得好公司销售额每年以近 50% 的速度增长，随着企业规模的不断扩大，企业的管理面临许多危机．其中服装的生产和销售环节最为迫切，需要一种具有输入速度快、信息大、准确度高、成本低、可靠性强等特点的技术，以优化企业的信息管理、支撑采购、生产、销售等环节。洪海滨就是为使用条码技术还是 RFID 技术左右为难。

一、关系到生存的问题

很明显，服装行业的竞争已到了“白热化”的程度，而市场竞争对服装的款式面料以及颜色都提出了很高的要求。传统方式下那种几个人设计定样，大批量下订单生产，大面积推向市场的做法，已无生存之地。如何及时了解不同地区的流行趋势，如何利用信息渠道，保证数据传递的准确与真实，几乎是所有具有自己品牌的服装企业都在努力解决的问题。得好公司在全国有近 20 个销售分公司，并在全国大商场几乎都设有专柜，同时还有专卖店近百家、销售商 1 000 多个。随着服装品种和数量的不断增加，公司管理出现了以下问题：

商品销售货款从商店到办事处再到总公司不能及时回笼，财务账与实务账不能同步生成，物流与资金流分离，导致内部投资和信用风险；服装在生产、销售等渠道的各个环节丢失、损坏，找不到责任人；由于商品在各个地区销售的价格不同，导致商品串货现象；服装销售淡季回收货物不能及时、准确、完整地到位，致使回收的货物混乱。

以上问题，已经严重地影响了公司生产、销售、经营和决策。如何运用现代信息技术为企业“强身健体”，用信息技术支持企业的决策，已经成为企业需要全力解决的技改项目。目前，企业的 ERP 系统正在积极地建设中。

二、选择、选择、还是选择

经过与物流工程师的研究，洪海滨了解了条码技术与 PFID 的各自特点，这对选择实施哪一种技术奠定了基础。

1. 条码技术

在像得好这样的制造型企业中，条码可以应用到供应链或 ERP 的全过程。物流工程师们为得好公司勾画了使用条码技术后的景象。

（1）到货经过扫描以后直接采集该物料的数据，自动完成到货与采购订单核对的过程，改进了 ERP 使用的效能和实施的难度。

（2）同时可以支持直送工位的供货方式，大大节省采购到货至存储的过程时间、降低库房面积、物料搬运作业和其他物料处理的成本，是采用精益生产方式的企业增加库存周转所必不可少的措施。

（3）条码标签的数据经过解码以后还有助于提高原材料批次跟踪水平，方便查找出物料的来源和去处，可以极大地提高跟踪响应速度、降低质量成本和有助于挽回企业的信誉。

原材料和半成品库存。在有发货标签并且发货标签上有物料去向指令的情况下，物料到达库房或车间，用手持扫描终端扫描该条码标签，记录该物料的到达情况。主机控制器、仓库管理系统（WMS）或 ERP 系统发出该物料去向指令——地点、库房库位，并预报它的消耗进度。库管员或工人按指令存放，并扫描库位或生产线位置上的条码标签，验证该项物料的位置。每一次扫描都引导下一次的执行并更新 ERP 系统的数据。

在库存盘点时，条码将大大地提高效率，减少库存冻结的时间。通过手持无线终端，收集盘点商品信息，然后将收集到的信息由计算机进行集中处理，从而形成盘点报告。

条码和 ERP 集成的系统可以降低 30% 处理成本，提高物流流转速度，并改善库存、在制品或产成品的跟踪。

现场在制品跟踪最常用方法是在装配件上如在汽车底盘或计算机机箱上贴标识 ID 标签，在每一个工位通过采集装置记录重要零组件的信息。每个工序完工后扫入作业工人的 ID 号、完工时间、检验信息等，并驱动下一工序接收。

在制品的条码能实现从原材料到最终产品的全面跟踪。当发现某个供应商的某批原材料有问题时，能准确地确定受到影响的零件或最终产品的范围，无论是在库存状态或是已经发运给顾客，这可以减少产品召回所涉及的范围和成本。条码生成跟踪系统也可以自动建立支持 ISO 质量保证体系所要求的质量跟踪和工作历史文档，实现复杂的批次跟踪。因而应用条码可以促进新制造工程优势的发挥。

质量控制。对物料或批次的生产跟踪可以在发现缺陷时将废品返工影响范围缩减到最低的限度，从而不仅减少大量的劳动和材料成本，还可以尽量挽回时间的损失。质量跟踪的关键仍旧是对生产过程的记录。用条码对生产各个阶段物料跟踪的经验和技术，同样可以应用于样品的跟踪和质量控制。

2. RFID 技术

论证过程中，几乎所有的物流工程师都同意：在企业应用中，最有前途的自动识别和数据采集技术是射频识别 RFID 技术。大家也都清楚应用 RFID 需要大规模的基础设施建设，如阅读器可以与手持终端做在一起，也可以是固定式的，安装在某个位置上，如工厂的入口、到货库房的大门、货架或生产线上。

如果建设了 RFID 所需的基础设施，RFID 标签的信息通过无线电频率收发的优势显露无遗。RFID 在对象和读卡器之间不需要条码所必须的可视联系，从而可以在无人照管的情况下完成识别和信息存储过程。RFID 可以穿过包装物、运输容器和金属之外的多种材料读出。

物流工程师们认为 RFID 除具有对标签上的条码和文字的补充外，RFID 与 ERP 或 SCM 集成的优势有：对在制品和原材料提供实时的跟踪；动态地更新或改写在包装或标签上的信息，不需要人工介入或不必在可视环境下完成对产品信息的扫描；减少供应链交接的信息传递和采集，以至暂时脱离 ERP/SCM 数据库获取或读出信息。

在实际的操作中，可以利用 RFID 技术提供实时定位系统用来跟踪成品的位置。在每一辆离开生产线的成品上贴上 RFID 标签，可以很容易地从最后测试到装载运输的移动过程中跟踪每一个产品。

RFID 实现车间现场数据采集的自动化只要零件进入生产线或到达完工区，将自动记录工序、设备和工人的 ID 号、加工时间，避免了大量人工进行的滞后的数据输入，条码扫描等操作和由此带来的可能的不精确数据，彻底解决了 ERP 系统 MES 实施的信息获取这个“瓶颈”问题。

在复杂的产品销售和维修服务中，产品上的 RFID 标签是一个随产品移动的数据库，可以随时读出它的历史和质量的记录，避免了书面材料的人工传递或对远程主机数据库的访问。

看来无论在功能与应用上，RFID 似乎都强于条码技术，但是建设 RFID 的高成本很让洪海滨犹豫，尤其是处在一个劳动密集型低附加值的行业中，并且对于得好公司目前的管理水平是否能够适应这样一种新技术，他也没有多少信心。但是，即使是使用条码技术，公司现在由生产到销售流程也需要改变，而且条码使用后是否能将产品对市场的响应速度及原材料和产成品库存维持在具有竞争力的水平，也不是很确定。无论怎样，激烈竞争的市场要求洪海滨尽快做出决定。

思考讨论

1. 条码技术、RF 技术各自特点。
2. 请帮助洪海滨做出选择决定。

（参考《中国物流与采购》，2006，(19)）

提示

1. 条码与 RFID 各自的特点综述。
2. 条码目前在我国的适用性。
3. RFID 发展趋势与得好公司积极应对、跨越条码的措施。

第十章 逆向物流与绿色物流

实例1：龙钢与湘钢的“循环物流”

一、龙钢集团实现废弃物闭路循环利用

近日，龙门钢铁集团循环经济产业园落成，新型建材生产线同时竣工投产，从而使龙钢集团的固体废弃物全部实现了闭路循环利用。这是龙钢集团通过利用市场机制、延长产业链条、促进企业循环经济发展、提高资源利用水平而取得的成果。

龙钢循环经济产业园位于龙钢集团公司东侧，是龙钢集团引入市场机制、延长产业链条而聚集起来的循环经济项目及相关企业。其中的陕西德龙粉体公司超细粉生产线项目，由龙钢和西安建筑科技大学联合组建，总投资1.45亿元，以龙钢公司生产过程中产生的水渣为原料，可年产纳米级超细粉100万吨。龙钢集团翔龙公司瓦斯灰回收利用项目是龙钢为综合利用炼钢生产过程中产生的瓦斯灰，是与翔龙公司共同兴建的，投资800万元，共建设烧结炉4座，年可处理高炉瓦斯灰4万余吨，回收含铁成品矿约3万吨。华龙耐材公司由龙钢与河南康华耐火材料公司合作组建，对废弃耐火材料进行回收、加工和重复利用。环保产业开发公司的钢渣分离和综合利用系统、自动切块生产系统、污泥造球系统，对炼钢废渣分级磁选，回收处理，使钢渣回收率达到100%。

兴龙热电公司以龙钢富余的高炉煤气为主要燃料，建设规模为25 MW抽气冷凝式机组2台及130吨/小时中温中压燃气锅炉2台，总投资2亿多元。一期工程于2006年4月开始发电，每小时利用高炉煤气11.6万方，每年可发电1.75亿千瓦时，正在建设的热电二期工程以高炉煤气、转炉煤气和富余焦炉煤气为原料，每年可发电1.8亿千瓦时。此次开工建设的8万立方米转炉煤气柜用于回收炼钢生产过程中的转炉煤气，投资3 000万元，回收的转炉煤气供兴龙热电二期发电项目。

园区的污水回收治理工程，投资3 300万元，每小时的处理总能力为2 000

立方米，在全部回收利用龙钢污水的同时，还回收了龙门生态工业园及上游企业的部分污水，实现了企业内部和区域大循环。

据统计，近年来，龙钢共投资4亿元建成多项节能工程和循环经济项目，年回收利用焦炉煤气2.08亿立方米，高炉煤气32.42亿立方米，钢铁渣回收率达到100%、综合利用率达到85%，年节煤3万多吨，水循环利用率95%以上，达到全国先进水平。

二、湘钢变“工业三废”为“吉祥三宝”

2007年8月中旬，投资6 000万元的湖南华新湘钢水泥有限公司年产300万吨水泥生产线建设正如火如荼地进行，这一工程可将湘钢工业废渣“榨干吃净”，实现年产值10亿元。近年来，湘钢坚持对工业“三废”进行系统控制、源头治理和综合利用，年创效益6.69亿元。

湘钢目前拥有年产600万吨钢产能，每年产生的工业废渣不低于200万吨，其中只有30%的废渣被加以综合利用，其余的全部堆放在企业周围的6个垃圾场，占地数百亩。在对工业废渣资源全面调查分析后，该公司尝试直接回收利用含铁含碳废渣，实现资源循环利用效益最大化。此次，湘钢联手国内四大水泥集团之一的华新水泥，将落后的立窑水泥生产线淘汰，积极安装新型水泥生产线。该生产线拟利用湘钢的高炉矿渣、转炉钢渣，采用国际先进的粉磨深加工生产工艺，将废渣加工成超细微粉，作为水泥生产辅料，再加入部分高性能的石灰石熟料粉，每吨水泥成本可降低40元，且产品质量比普通水泥的更好。并且，新的生产线将去掉原料烧成系统，可大大减少污染排放。在回收利用的同时，该公司还积极进行工业废渣资源的梯级开发利用，建成钢渣处理工程，钢渣粉、废渣钢分别用于烧结、炼钢，大大提高了矿渣附加值。2009年，湘钢的冶炼废渣、转炉钢渣、高炉水渣利用率将有望实现100%。

湘钢以前的吨钢耗新水达120吨。近年来，该公司投资建设废水资源利用项目，科学合理地对循环水系统进行调度，采用串接补水技术，将循环水系统前一级的排污，作为后一级循环水系统的补充水，使吨钢耗新水降至10吨，工业废水自循环率达95%。最近，公司总排口废水治理再循环利用项目已经得到省里批复，项目建成后，吨钢耗新水将降至5吨，可实现废水“零排放”，每年工业废水循环利用4.5亿多吨，节水250万吨。

充分利用富余煤气发电，避免煤气放散对环境的污染。过去，40%的高炉煤气、焦炉煤气、转炉煤气被直接排放到大气层。湘钢投资建成煤气发电和循环热能工程后，装有主燃低热值高炉煤气发电机组，装机容量62兆瓦，每年可自发电2.98亿千瓦时，占公司总用电量的1/3。以剩余煤气为燃料，在发电的同时进行供热，使公司吨钢综合能耗降低25千克标煤，每年可节约25万吨标煤。

思考讨论

1. 龙钢和湘钢各自的逆向物流有何特点？
2. 你从中受到什么启发？

（参考《现代物流报》，2008.8.22）

提示

1. 逆向物流概念和特点。循环经济内涵。
2. 废旧物质回收处理的重要意义。

实例2：逆向物流反击战——飞利浦减少退货的策略

一、产品退货现象越来越严重，每年因退货直接造成的损失高达几千万美元！怎么办？

目前，家电公司的退货现象几乎成为家常便饭，尽管大部分的家电公司都把退货服务看成是推动新的销售渠道及销售额增长所必须付出的成本，但随着退货现象的增加，一个让人不能满意的数据——无缺陷退货率（No Defect Found）也逐渐变得很高。无缺陷退货率在家电产品中占到了70%，PC产品中占85%，一些种类的小家电更是超过了90%。飞利浦家电公司的情况就明显反映了这一点。作为一家非常有名的家电公司，其退货率甚至比行业平均退货率还要高。为了运输这些退回来的产品，飞利浦家电公司和其零售商都付出了巨大的成本；再加上由退货衍生出来的索赔、反索赔等问题，飞利浦公司每年都会因此造成几千万美元的损失。

为了处理退货问题，飞利浦公司的代理清算公司也费尽了周折，但成效不大。这个问题将飞利浦公司逼到了火山口。怎么办？追本溯源：从内部改革上做文章。临危受命，为了控制退货这项主要的成本产生点，1998年，飞利浦公司成立了专门的退货管理部门，并任命当时在产品推广部门的托尼为部门主管。

飞利浦公司传统的做法是：为了应对因退货产生的运输量的增长，公司开始设计逆向物流的工作流程，以便有效地沿供应链逆向把这些退货送回去。托尼却认为，有效的逆向物流虽然有利于减少损失，但对减少公司在每一个退货流程操作点上所丢失的利润却毫无帮助。必须在减少退货上做文章，在货物进入逆向物流供应链之前，就努力阻止退货现象的发生。

要真正认识有关退货的各种情况，不仅要知道处理了多少退货，而且要清楚这些产品是为什么被退回的。经过托尼和他的管理人员对零售商和消费者的深入调查，以及对公司内原因的仔细分析，他们发现了以下几方面的原因。

1. 零售商无节制的退货政策

在调查中他们发现，零售商对2/3 的退货都进行了退款处理。这个数据对飞利浦公司来说尤其麻烦，因为大部分退货都被作为有缺陷产品而被退回到制造商处，由于退货量上升，运输成本也跟着上涨。其实，出现这个问题的主要原因是零售商没有使用修理商服务的意识；另外，零售商的销售人员没有受到很好的培训，不能让消费者很好地明白产品的性能和好处。还有，零售商制订的退货期限过长也是一个重要原因。

2. 消费者的错误习惯

为了弄清楚消费者的退货心理，在 2001 年，飞利浦公司和一家全国性的大零售商合作，就那些超过退货预算的产品种类在这家零售商的顾客中进行了有奖问卷调查。令人感到惊讶的是，居然有超过 75% 的顾客承认：他们知道其所退回的产品实际上是没有什么质量问题的。产生这种现象的一个主要原因就是，在零售商这种非常开放、几乎是毫无节制的退货政策的怂恿下，人们逐渐养成了一种把货物“退回去”的习惯；并且大部分的消费者在没有购货发票时仍然得到退款处理的现象，也起到了推波助澜的作用。在销售现场传递的这种错误信息，助长了消费者肆无忌惮的退货风。

3. 公司内部的问题

首先，飞利浦公司内部没有人员专门致力于退货的管理，也没有非常清楚的退货管理规定和程序，因此公司内部就养成了一种在任何时候都可以让任何人把任何产品退回来的习惯。产品销售人员从来就不清楚由退货所产生的成本有多少，甚至连公司本身也从来就没有对总的退货成本进行过集中的统计。另外，飞利浦公司从来就没有在公司内部跨部门之间，或与零售商合作推行过什么退货解决方案。

其次，由于各部门缺乏沟通与合作，公司缺乏一种通用退货衡量体系。不但美国和世界其他地区的退货衡量标准不一样，就连飞利浦公司内部的不同部门也使用不同的 IT 系统进行测算。公司各部门对按哪个时间段进行测量和如何对退货进行分类，不能达成一致的意见。

最后，产品的包装或者使用说明书也有问题。调查表明，飞利浦公司的产品包装上缺乏透明性，使用说明书不能很好地说明产品如何使用。消费者要在飞利浦公司新推出的一些数字产品上花费太多的时间去弄明白使用问题，比如家庭影院、卫星系统、数字摄像机，甚至还有缺天线插孔的 DVD 播放机。除了产品的复杂性和技术问题之外，一些产品的硬件制造商和其他的软件或服务提供商之间的配合也存在着问题，使得说明书使用起来非常困难。说明书的缺陷是由硬件、软件双重身份构成的数字网络产品退货率比其他产品高出25%的主要原因，无缺陷退货率更是高出了90%。

4. 其他问题

还有其他一些问题，比如公司对有些产品不能提供上门维修服务，或者是能够提供上门服务的独立服务提供商在逐渐减少。

另外，调查显示，有10%的退货实际上是商品在被偷走之后又被退回来，以换取现金。

二、解决思路——合纵连横：把零售商、服务商拉进战团

托尼和他的管理团队发现，要减少退货，必须提高公司内外的协调性，加强公司内部和外部的合作。最重要的是让公司高层也充分认识到这一点：公司无法独自解决退货的问题，加强公司与零售商、服务商之间的协作非常有必要。为此，掌握全程的退货信息。

在高层领导的直接干预下，2001年，飞利浦公司终于在公司内部建立了一个跨部门的退货管理协作团队和一些相应的退货衡量标准。这个协作团体决定，将有缺陷产品退货和其他原因的退货（比如承运商损坏、库存平衡失误以及订单失误等原因造成的退货）区别开来。

飞利浦公司现在的退货报告都是按照经销商、产品种类和型号分类做出的。为了使退货的各项数据显得更直观和立体一些，这些数据和总的销售额、退货趋向以及整个公司的销售率等数据都体现在一张图表中，这样就很容易看出任何一点退货率的变化。报告还包括退货率和减少退货的目标百分比，这些数据使得协作团队的工作目标和成效一目了然。

退货管理部门将这些退货信息向销售、服务、财务和产品部门以及高级管理层进行传达。这些信息按产品型号、部门和经销商分类列出，并同时提出相关的改进措施。为了保持退货报告的连续性，让公司中的任何人，不论在世界上的任何地方，只要能够接触到这些报告，就会看到同样的数据，飞利浦公司安装了SAP信息系统。这样连贯持续的退货管理报告，让一些主要部门的人员在收到这些报告的同时，也都接受了相应的减少退货的责任和目标。比如，产品经理要注意自己负责产品的退货率，销售部门则会注意全部产品的退货率。另外，SAP系统将退货报告细分到型号和经销商的层面，其嵌入式适应功能使得退货管理部门可以出具月度或具体日期的退货报告，这些报告出来之后就提供给财物和物流部门，以便让他们做出销售预测和库存计划。

与此同时，飞利浦公司更加重视与零售商和服务商的紧密合作，共同减少退货现象发生。

1. 让零售商看到好处

飞利浦公司采取措施提高产品服务。为了降低产品使用的复杂性，使产品更

加容易使用，飞利浦公司采取了很多措施。

一是公司着手努力改善产品的售后服务，增加了网上的服务支持，并对电话咨询中心的服务进行了改进，比如常见问题解答（FAQ）、连线下载以及 DVD 或其他数字产品的免费升级等。

二是在产品的包装盒内填加“阻止性”说明书。这些说明书都印有大大的“阻止”符号，引导消费者在把商品拿回到零售商店里之前，先和制造商联系。这些措施鼓励消费者通过直接接触制造商去解决产品问题。这对退货现象的减少起到很大的帮助。

三是使用 IEP。为了提高产品的易用性，2002 年，飞利浦公司加入了“易用圆桌协会”（EOU）。EOU 是一个计算机和消费类电子产品行业协会，旨在帮助消费者更好地使用高科技类产品。通过这个协会，飞利浦公司引进了一种叫做“初始体验预测表（IEP）”的目录工具。IEP 是新产品设计团队所使用的一种工具，其中涉及 25 个调查问题，可以帮助新产品设计人员预测消费者使用新产品的各种体验。通过使用这种工具，飞利浦公司的新产品在研发阶段，就可以在设计新产品的操作、包装和使用说明时，充分考虑到末端消费者的需求。这个措施非常有利于提高飞利浦公司产品的易用性，从而减少了电话咨询中心的呼叫次数，提高消费者的满意度，继而减少了无缺陷产品的退货量。

2. 立章建制

一是强化退货规定的管理。在最近两年里，零售商们强化执行以前已经存在的一些规定，如 Best Buy 等。一些零售商现在都把有关的退货规定张贴在商场里非常明显的位置。这些规定都提出了“重新进货费用”的概念，实际上已经有零售商在开始收取这些费用了。Target 和 Kmart 等零售商也在强化实施“退货必须携带发票且必须在规定的退货期限内退货”的规定。为了解决退货问题，其他一些零售商还增加了新的举措，比如向顾客提供制造商和本地服务商的联系方法等，并且事先声明并非在各种情况下都接受退货。另外，随着电子类产品更新速度的加快，零售商们也意识到减少退货期限是其减少退货的一个重要措施。

二是改善销售系统。销售商改善销售系统的原因之一，是为了找出那些反复违反退货规定的人并对他们加以防范。这些新系统可以按顾客、信用卡号码甚至产品的序列号对商品进行跟踪，以便于零售商能够确保退回来的商品是顾客在自己的商场购买的，并对那些反复退货的人进行跟踪。此外，许多退货柜台的电脑也开始显示商品及其主要部件的照片，以方便店员对退货加以辨认。这些系统为零售商提供了强有力的证明材料，使得他们可以拒绝那些不合理的或具有欺骗性的退货。其中，SiRAS 系统就是应用比较成功的一个。

3. 让服务商看到利润

在得到零售商支持的同时，飞利浦公司也把服务商“拉拢”进了阻击无缺陷产品退货的统一战线。对于服务商而言，这是一个“双赢”的格局。随着消费类电子产品升级换代不断加快，再加上这类产品的不易维修性，服务商也需要扩大自己的服务范围，以增加营业收入。

因此，服务商很乐意通过对服务网络进行改造，为飞利浦公司提供一些额外的服务，例如退货产品的试验，为零售商进行程序调试；和飞利浦公司及其零售商一起，为购买复杂电子产品的顾客提供安装服务，如家庭影院系统和大屏幕电视类产品；帮助飞利浦公司分析某件产品的质量问题，新产品进入市场遭遇失败的原因以及顾客在产品操作方面存在的问题等；帮助飞利浦公司实施“当日反馈制”，为购买高价产品的消费者及时提供上门服务，预防成本高昂的产品发生退货现象；在得到飞利浦公司的认可后，提供“以旧换新 + 保修”的服务模式；在有质量问题的产品实际被返回到飞利浦公司之前，替换的产品已经被运到了服务商那里。通过提供诸如此类的解决方案，服务商就可以变成处理制造商退货的“一站式商店”。并且通过这种服务网络的改造，服务商有能力在退货舞台上扮演一个巡视、废品回收和进行调解的中间商角色，以防止高科技产品沿供应链逆向回到飞利浦公司。

在过去 5 年中，所有这些减少退货策略的实施，对飞利浦公司来说意义都非常重大。在前两年的时间里（即 1999—2000 年），飞利浦公司有了一个单独的退货管理部门，退货责任也由多个部门负责，但退货率还是高于消费类电子行业的平均水平。接下来的两年时间里（2001—2002 年），飞利浦公司通过强化实施退货规定等措施，使退货率达到了行业平均水平。在 2003 年里，飞利浦公司又采取了几项退货管理措施，其退货率已经降到了消费类电子产品的行业标准以下。从 1998 年到现在，飞利浦公司平均每年减少的退货达 50 万件，价值超过 1 亿美元。

思考讨论

1. 飞利浦公司为什么要强化逆向物流管理？
2. 问题解决思路的依据是什么？具体措施有哪些？
3. 你从中想到了什么？

（参考中国物流与采购网）

提示

1. 逆向物流管理概念、作用与效果。
2. 飞利浦对返品物流认识、组织安排、工作步骤与具体措施。

实例3：绿色装卸搬运

绿色装卸搬运是指为尽可能减少装卸搬运环节产生的粉尘烟雾等污染物而采取的现代化的装卸搬运手段和措施。

在货物集散地，尽量减少泄漏和损坏，杜绝粉尘、烟雾污染，清洗货车的废水必须要经过处理后再排放。在货物集散地要采用防尘装置，制订最高容许的高度标准。废水应集中收集、处理和排放，加强现场的管理和监督。

首先，要消除无效搬运。要提高搬运纯度，搬运必要的物资，如有些物资要去除杂质之后再搬运比较合理；避免过度包装，减少无效负荷；提高装载效率，充分发挥搬运机器的能力和装载空间；中空的物件可以填装其他小物品再进行搬运；减少倒搬次数，作业次数增多不仅浪费了人力、物力，还增加物品损坏的可能性，更重要的是无效搬运次数的增加会使装卸搬运中的粉尘增加，对环境造成污染。

其次，要提高搬运活性。放在仓库的物品都是待运物品，应使之处在易于移动的状态（即“搬运活性”，指在装卸搬运作业的物资进行搬运装卸作业的方便性）。物品放置时要有利于下次搬运，如装于容器内并垫放在物品较散以使放于地面的物品易于搬运。在装上时要考虑便于卸下，在入库时要考虑便于出库，还要创造易于搬运的环境和使用易于搬运的包装。这样做一方面提高了搬运装卸效率；另一方面也减少了可能造成的污染程度。

最后，注意货物集散场地的污染防护工作。在货物集散地，尽量减少泄露和损坏，杜绝粉尘；清洗货车的废水要在处理后排出，以防为主、防治结合。在货物集散地要采用防尘装置，制定最高容许度标准；废水应集中收集、处理和排放，加强现场的管理和监督。

思考讨论

1. 什么是装卸搬运活性？有几级指数？各指什么？
2. 怎样做到绿色装卸搬运及其合理化？

（参考中国物流与采购网）

提示

1. 装卸搬运活性的定义、内涵与作用。
2. 装卸搬运合理化的途径。

案例1：济钢第三轮清洁生产的总体思路

党的“十六大”提出了以人为本的科学发展观，指出要走一条科技含量高、经济效益好、资源消耗低、环境污染少、人力资源优势得到充分发挥的新型工业化道路。济钢的清洁生产实践符合“十六大”要求，是对新型工业化道路的成功探索。

在第三轮清洁生产规划中，济钢坚持走新型工业化道路，进一步贯彻循环经济理念，坚持“减量、再用、循环”的原则，继续贯彻“源头削减，过程控制，末端消灭，实现污染资源化治理”的清洁生产方针，紧紧依靠观念创新、技术创新、管理创新，以结构调整为主线，以“三高一电”为着力点，突出节能清洁工艺技术的自主开发，将“精料、精工、精品”原则贯穿于采购、生产、营销全过程，进一步提高资源、能源的利用率，实现工艺清洁化、钢质纯净化、废物资源化、产业生态化，营造物流有序，环境优美，生产与环境高度和谐的良好格局，实现社会效益、环境效益和经济效益和最大化。

1. 生产高效化

通过关键技术的开发和引进，实现主要生产工序的高效化，推动济钢新一轮清洁生产向深层次发展。

（1）高效炼铁：炼铁的能耗占整个生产总能耗的70%以上，通过实现高炉的稳定高效生产，增加喷煤量，降低焦比，降低生铁成本，是炼铁系统清洁生产的重点。

高品位：高品位是整个清洁生产系统中源头削减的重要环节，是过程清洁、产品清洁的重要前提。通过开发球团有机黏结剂、全赤铁矿造球等关键技术，进一步提高入炉料品位到62%以上，降低硅石杂质的含量，从源头上削减废物的排放和能源的消耗。

高喷煤：提高喷煤量，通过开展配煤系统改造、提高热风炉风温、高炉炉况检测与控制技术的开发，使济钢高炉的喷煤量由目前的150千克提高到200千克。以煤代焦，实现降低生产成本和削减生产焦炭所造成的污染。

高风温：提高热风炉送风温度是提高高炉产量、降低炼铁焦比和能耗的有效措施。在卡卢金顶燃式热风炉技术仿真研究成果的基础上，将在其他高炉中吸收、移植该技术，目标为：采用100%高炉煤气，在助燃空气和煤气预热到200℃的条件下，热风温度达到1 200～1 250℃。此项措施可降低焦比20～30 kg/t，增加喷煤量20～30 kg/t，提高利用系数0.2左右，具有显著的节能、环保效果。

高还原度：通过原料结构、工艺技术等的优化，将烧结矿的还原度由目前的

75% 左右提高到 95% 以上，提高 20 个百分点左右，高炉焦比降低 5% 以上。

（2）高效炼钢：以实现工序负能炼钢为总目标，通过开发自主知识产权的新工艺技术，调整优化炼钢工艺，进行炼钢过程余热、余能的高效回收利用，实现工序负能耗，最大限度发挥炼钢产能，实现高效炼钢。

炉前两脱：进行铁水“两脱”可以有效地降低钢中有害元素（Si、P）的含量和非金属夹杂物含量，可以更加充分地解放高炉生产能力，实现高炉低温冶炼，大幅度提高铁水生产量，为炼钢提供充足的铁水。

铁水预处理：在铁水进入转炉之前，增设脱硫预处理站，对铁水进行预处理，降低有害杂质硫的含量，减轻转炉脱硫负担，石灰消耗可下降 20 kg 以上，实现转炉少渣冶炼，缩短冶炼周期，提高转炉产量。

炉外精炼：在炉后建设 LF 精炼炉，将转炉净化钢水功能后移，进一步解放转炉，使其充分发挥升温、脱碳的功能，降低转炉负荷，提高转炉产量。同时通过炉外精炼，进一步提高钢水质量，为新品种、高质量钢材的生产提供保障。负能炼钢围绕实现负能炼钢，将进一步降低氧气消耗；大幅提高转炉煤气回收量，实现多炉座同时回收和连续回收，同时改善煤气回收质量；通过烟道干法除尘及余热高效回收技术开发，进行烟道气余热的高效回收利用；研究实现转炉渣热量的回收利用。一系列措施实施后，25 吨转炉和 120 吨转炉将实现负能炼钢。

（3）高效轧钢：以钢坯高效热送热装、降低轧钢加热炉能耗水平和提高轧钢成材率为重点，实现轧钢工序能耗的大幅度降低，提高轧钢工序生产节奏，适应钢坯逐步增加的生产节奏，实现高效轧钢。蓄热化轧钢加热炉蓄热化是轧钢生产线节能降耗的重要技术改造措施。济钢通过推行加热炉蓄热化改造，热效率从 30% 左右提高到 46% 左右。下一步将在前期取得的加热炉全蓄热化的基础上，加强蓄热式加热炉相关技术的研究，突破目前影响加热炉热效率进一步提高的关键环节，使目前的蓄热式加热炉更加节能化、高效化，为高效轧钢创造有利条件。大坯料、多倍尺轧制是提高成材率的重要手段，实施 3 倍尺、4 倍尺乃至 5 倍尺轧制，可以大幅度提高成材率。一炼钢坯料将调宽到 1 400 mm，三炼钢连铸坯调宽断面到 1 900 mm，同时中板厂三辊轧机更换为四辊轧机，最大轧制压力提高到 4 500 吨，配备液压 AGC 系统，中厚板厂也将换现有四辊粗轧机。通过炼钢厂对坯料结构的调整以及轧钢厂采取的一系列改造措施，将实现轧钢系统大坯料、多倍尺生产。超级钢研究利用普碳超级钢替代部分微合金钢，减少 HSLA 钢的合金元素含量，改变用添加合金元素来满足性能要求的传统做法，以轧制和冷却的工艺降低合金元素的含量，生产高性能的超级钢清洁产品，充分发挥现有设备的效力，实现经济效益、环境效益最大化。

2. 工序过程能源高效回收利用，并进行发电

钢铁生产所具有的高温特性，使大量过程能源以余热、余能的方式释放出来，由于传统钢铁工艺流程受现有工艺、技术的制约，不能实现有效回收，造成

大量能源浪费，同时产生较严重的污染。将通过具有自主知识产权的关键新工艺、新技术的研发，突破制约传统钢铁流程过程能源回收利用的“瓶颈”，实现过程能源的高效回收利用。

（1）低温烟气热量回收：各工业炉窑产生的燃烧废气在排放时往往具有一定的温度，虽然温度较低，但因为数量较大，仍然具有较大的利用价值。通过与生产工艺相结合，开发新的回收利用工艺，将实现这部分余热的回收利用。

（2）高温烟气、矿渣热量的回收：包括炼钢转炉烟气、焦炉荒煤气、冶金渣（高炉渣、转炉渣）在内的大量高温热源，由于受传统工艺、技术的制约，尚没有有效的回收利用方法，致使所蕴涵的能源大量浪费。通过采用产学研合作的方式，将联合国内知名研究院所开展共同专题攻关，研发新的工艺技术，实现这部分高温能源的有效回收利用。

（3）副产煤气高效回收利用：生产过程中产生的各种煤气（焦炉煤气、高炉煤气、转炉煤气），作为一种较高品质的清洁能源，通过前几轮清洁生产的实施，特别是济钢燃气-蒸汽联合循环发电的投用，已经得到较好的回收利用，但尚存潜力可挖。第三轮清洁生产将采取一系列措施进一步提高煤气的回收质量和数量、降低煤气放散率、研究煤气的高附加值利用、提高煤气利用效率，最大限度挖掘煤气资源的回收利用潜力，实现副产煤气的高效回收利用。

（4）余热、余能发电，实现电力基本自给：目前国内钢铁企业普遍存在大量余热、余能，通过付出代价回收后，由于没有足够的用户和有效的利用方法，又被大量放散，造成二次能源的大量浪费。比如，2004 年济钢生产各工序余热蒸汽产量约为 153 t/h，在夏季蒸汽放散达 78 t/h。在第三轮清洁生产中，一方面，将通过开发余热、余能直接用户，减少能源的转换环节，将其直接返回到生产工序中，实现余热余能的直接回收利用；另一方面，将通过开发应用低品质余热蒸汽发电、热水发电、干熄焦发电、余压发电、节余煤气发电等一系列技术措施，将回收的过程能源转化为高品质的电能，满足生产用电需求，实现生产电力基本自给，大幅度降低生产能耗水平，缓解社会环境负荷。

3. 开发清洁工艺

严格遵循“源头削减，过程控制，末端消灭，实现污染资源化治理”的清洁生产方针，在生产的全过程和各个环节开发应用一批关键的清洁生产工艺技术，比如，开发应用新一代炉料结构、高品位矿石应用、微波烘干和焙烧、高炉煤气干法除尘、转炉煤气干法除尘、生产少用水或不用水新工艺等一系列新工艺，进一步实现节能降耗、减轻环境污染，进而提高济钢全工序的清洁生产水平，全面提升钢铁生产的清洁度。

4. 生产清洁产品

牢固树立“投精料，用精工，产精品”的精品理念，钢铁产品突出高强、耐磨、耐腐蚀三大特征，形成海洋用钢、管线钢、耐腐蚀钢三大系列，使高技术含量、高附加值的低合金钢、专用钢占到80%以上。加强资源综合利用力度，通过关键技术的开发和应用，利用钢渣、矿渣等生产微晶玉石、高效墙体材料、凝石等新型建筑材料，实现固体废弃物的高附加值资源化开发及钢铁企业清洁产品的生产。

5. 发展循环经济，实现社会友好

树立和落实科学发展观，积极开发循环经济的绿色新工艺，构建“资源-产品-资源再生”在钢铁企业的物质循环新流程，在企业和社会两个层面积极开展循环经济的实践。通过开展废弃物的回收和综合利用，吸纳社会废弃物应用于钢铁生产，进一步实现物质/能源循环链的延伸和扩展，提高其转换和利用效率。并依靠钢铁企业自身特点，向周边社区提供清洁能源和产品。充分体现钢铁企业的钢铁材料制造功能、能源转换功能和社会大量废弃物处理-消纳功能，实现钢铁企业的社会友好型转换。

思考讨论

1. 通过本案例，你如何理解绿色物流技术和绿色物流的概念？
2. 结合济钢清洁生产计划，谈谈绿色物流在国民经济中的重要作用。

（参考《现代物流报》，2008. 6. 25）

提示

1. 绿色物流与技术的内涵。
2. 循环经济或低碳经济概念。对世界尤其我国钢铁工业的重大价值。

案例2：雅诗兰黛的逆向物流管理

全球知名的化妆品雅诗兰黛（Estee Launder）一年销售额高达40亿美元，而其每年因为退货、过量生产、报废和损坏的商品也很惊人，达1.9亿美元，约占销售额的4.75%。美国的消费电子业，每年的退货额超过150亿美元。如今，美国各行业每年的退货额已达到650亿美元。

三年前，面对由于忽视逆向物流造成的巨额利润流失，雅诗兰黛公司痛下决心，决定改善其逆向物流管理系统。它投资130万美元购买了用于逆向物流的扫描系统、商业智能工具和数据库。在系统运转的第一年，其就为雅诗兰黛带来了以前只有通过裁员和降低管理费用才能产生的成本价值。其后，逆向物流系统通过对雅诗兰黛24%以上的退货进行评估，发现可以再次分销的产品居然是真正需要退回的1.5倍。于是，每年又为雅诗兰黛节省了一笔人力成本。与此同时，系统对超过保质期的产品识别精度也大大提高。1999年，雅诗兰黛因为超过保质期，销毁了27%的退货。而在1998年，这个比例是37%。据雅诗兰黛逆向物流部门的主管经理预计，今后几年只要信息系统和营运系统能够基于更严格的退货时间识别出过保质期的产品，产品销毁率完全可能降到15%以下。

雅诗兰黛的成功并非个案。IBM、飞利浦、通用汽车等企业也纷纷于几年前涉足逆向物流这一物流“油田”，进行深度挖掘、系统控制和强化管理，并相继钻出了新的“油源”，使得成本下降、服务满意度提高。

思考讨论

1. 雅诗兰黛为什么下决心建立逆向物流系统？
2. （结合调研我国实际）谈谈建立逆向物流系统后为何能取得丰厚的经济效益？

（参考《物流管理概论》，王自勤主编，浙江大学出版社，2004.8）

提示

1. 逆向物流的概念与作用。
2. 退货物流处理途经分析。

案例3：成都废旧物流产业化

一、反思——经济发展必然带来资源短缺和环境恶化

人类社会发展至今，经济高度发达，特别是经济全球化的趋势使经济发展与资源短缺和生态环境恶化的矛盾越来越突出。伴随着资源的大量开发利用和工业废弃物的增多，生活废旧品的数量已经达到令人触目惊心的地步。据统计，我国仅垃圾累计堆放量就已达60多亿吨，占用土地5亿平方米。另外，我国再生资源回收利用的发展也十分滞后。据有关单位调查，我国可回收利用而没有利用的再生资源价值300多亿元，每年有500万吨废钢铁、20多万吨废有色金属、1 400万吨废纸及大量的废塑料、废玻璃、废电池没有再利用。大量废旧品的闲置，不仅对资源利用是极大的浪费，而且对土壤、地下水、大气造成了严重的污染。然而，经济的发展是否必然带来资源的短缺和环境的恶化？显然，答案是否定的。只要积极推进再生资源回收利用，将大量社会生产和消费后废弃的资源回

收再利用，就可以减少对原生资源的开采；加快再生资源回收利用，变废为宝，化害为利，又可有效减少废弃物排放，不仅可以治理污染、改善环境，还可以为人们创造优美环境，促进人与自然和谐统一。

二、质疑——现有废旧品再生资源回收利用“治标不治本”

就成都市的情况来看，目前，虽然在市范围内自发形成了一些废旧品收购站，使社会生产和人民生活产生的废旧品在一定程度上得到了一些利用。但是，仔细研究现有废旧品回收利用情况，在很多方面仍然存在着不少问题。其中，废旧品收购站环境的“脏、乱、差”问题就十分突出。据调查，人多数废旧物资回收站点规模小，各自为战，沿街为市或沿路为市。废旧品基本是露天堆放，堆放废旧品的地面没有进行硬化处理，没有排水系统，使得地面污水横溢，苍蝇、害虫到处可见，异味熏人。并且，从业人员的食宿与废品收购站混杂在一起，这种状况严重地影响了市容市貌。

此外，目前的废品收购站的购销渠道也与成都环保模范城市的新形象极其不匹配、不协调。现在，大多是废品收购者走街串巷进行收购，还有一些拾荒者在垃圾集中点、果屑箱中拣出生活废品卖给废品收购站。这种原始的回收渠道很难满足城市再生资源再利用的需要。由此看来，现有废旧品回收利用仅仅是“治标不治本”。

思考讨论

1. 逆向物流为何得不到企业的重视？其制约因素在哪里？
2. 调查所在地的废弃（旧）物物流现状。你认为该地应从哪些方面着手才能做好？

（参考供应链管理世界网站）

提示

1. 我国企业、社会废旧物质回收管理的现状和重要性。
2. 废旧物质回收处理的方法分析。有关政策、体制建议。

第十一章
电子商务与物流

实例 1：FedEx 的电子商务网站分析

联邦快递公司是一家全球快运业巨头。它仅用 25 年时间，从零步起，在联合包裹服务公司（UPS）和美国运通公司等同行业巨头的前后夹击下迅速成长壮大起来，发展为现有 130 多亿美元资产，在小件包裹速递、普通递送、非整车运输、集成化调运管理系统等领域占据大量市场份额的行业领袖，并跃入世界 500 强。

公司当时员工总人数为 14. 5 万，开展业务的国家和地区 211 个，全球业务空港 366 座，备有各类运输飞机达 624 架，出车数近 4 万辆，处理超过 90 万千克的空运货物。

这家公司每月提供两次机会供人参观，一批批客人也愿付每人 250 美元的票价，来到其位于田纳西州孟非斯的超级调运中心，亲身感受一下它的恢弘气度、高速繁忙而精确的作业现场，领略其非凡的竞争力。

公司网站 1995 年开通。在 1998 年度提交股东的报告页面上，以“FDX = 新的领先者品牌”为题，自豪地宣称：FedEx 开创了快递产业中的“基地源泉”，史无前例地将智能化系统引入该行业中。

FedEx 主推“服务、技术、与顾客协同拓展市场”的营业理念，成为在当今快速、竞争、全球一体化市场上，唯一能向顾客提供其需要的“综合性物资调运解决方案”的企业。

可见，虽然同是快递行业，FedEx 将卖点建立在智能化服务体系上，深度介入到客户的物资调运业务中去，提供能与之协同运作的“整体解决方案”，让客户与股东俱欢颜，在强大的对手面前领先一步发展壮大起来。

1. FedEx 网站

FedEx 网站注重的是它与客户，尤其是企业客户间的亲和力，这对发挥其智能化运输控制系统作用是至关重要的。所以，网站定位在宣传“整体大于部分之和”的营销理念、力求与客户协同动作、共谋最佳效益上。

与 UPS 等三产企业网站一样，FedEx 网站也是个面向实际作业的服务窗口，故每层页面都有业务宣传、实地作业和树立企业形象的功能。

2. 网站商业竞争力分析

FedEx 能在短期内快速崛起，有多个原因，其中之一是它旺盛的竞争力。近两年来，FedEx 的竞争力就体现在它在 Internet 上构建的智能化运输管理系统，其核心威力是对企业用户和个体用户的吸引力上。

对于企业用户，FedEx 的智能系统能与用户企业网无缝连接，或通过 Web 页面直接介入用户物资运输中去。这样的结果是：任何公司在逻辑上都可直接将 FedEx 庞大的空运阵容和陆地车队当做自己运输资源。

一般企业不具备智能物资排运系统，也无建立的必要。FedEx 知其系统对他们有独特吸引力，就主推“整体大于部分之和”的协作化、智能化货运解决方案，深受各类企业欢迎，大小公司趋之若鹜。如一家全球性女装零售商兼家居饰品商打算自己做产品的仓储和批发业务，他请求使用 FedEx 的系统来跟踪本企业的订单、检查库存、安排运货时间等。结果，FedEx 使其实现了所有接单送货均在 48 小时内完成。

FedEx 的成功杰作之一，是其向计算机直销巨头 Dell 公司提供的“全球一体化运输解决方案”。它将 Dell 在马来西亚和美国本土总部分为两大整机及零部件制造与供应中心，对于全球它所能触及的任何一地的零件或整机需求，均由 InternetShip 系统排出总体成本最少、最快捷的优化递送方案，以“展示 Dell 对其顾客的那种成功、质量和服务的独具魅力之承诺”。

对于个人用户，FedEx 网站的规范化作业流能使他们方便地进行自我服务，可以接发证单、提交运输业务、跟踪包裹、收集信息和开账单等。

该网站每月有 300 多万次的访问，所有数据都同时进入公司内部网。由于约 2/3 的运输都是通过该系统自动处理，极大地降低了用户向 FedEx 电话应答中心的巨额查询费用，从而为其节省了数百万美元，成本的降低就意味着竞争力的增强。

FedEx 网站证明：在当前信息时代，一个公司的先进系统、运作模式和处理的信息，其价值远不止于在公司内部使用。它能在“整体大于部分之和”营销理念下，借助于国际互联网冲破无数企业在行业范围、物理形态和地理行程上的差异，彼此在虚拟的作业环节上实现无缝连接；借助于这种连接，一个企业可以让其先进的管理技术、战略资源、时间管理、信息管理、复杂的后勤规划、庞大的空中与陆上储运资源等对其他无数企业产生无穷吸引力。

同时，FedEx 还表明，在服务业中，先进的系统和技术仍须以充满亲情的人与人的面对面交往为基础。令人仰慕的企业形象是要花很多年建立的，并具体体现在各员工与顾客接触的那几秒钟内。公司力求最大限度地调动员工积极性，让他们用表情和在举手投足间将企业的好形象传递出去。

最让 FedEX 引以为豪的服务案例，是其在主页上在母亲节这一天为成千上万的家庭送去充满温情的“FedEx 之盒”。因为这是全美餐馆最繁忙的一天，也是无数家庭表达其亲情与和睦的一天，但许多家庭却都会因临时找不到餐馆空位而驻足久等，或在一家又一家的餐馆前徘徊。FedEx 就与一家全美最大的餐馆查询公司联手，运用其智能系统，根据各餐馆订座、距离、家庭人数等情况编排出应去哪家餐馆使用哪个餐位的计划，将其连同公司祝贺词一道灌录在那个著名的绿色小盒中，递送到千家万户，真正体现了“礼轻情意重”的服务理念。

公众现在已经把“交给联邦快递”这句话同遵守诺言等同起来。这一成果来之不易，诚如 FedEx 电子贸易营销经理布朗称：“无论顾客是通过电话、亲自上门，还是通过国际互联网，我们的目标都是要保持顾客百分之百的满意。”

思考讨论

1. FedEx 的经营理念说明了电子商务物流的什么发展方向？
2. FedEx 的网站对其物流业务有什么作用？
3. 通过本例，你认为我国邮电业进入电子商务物流有何优势？需要做哪些工作？

（参考中国物流与采购网）

提示

1. 电子商务与电子商务物流概念、公式模型。
2. FedEx 的电子商务运作特点。
3. （结合调查）我国邮电业的电子商务现状与发展思路建议。

实例 2：中远集团电子商务发展战略

不同的企业或行业，因为主营业务的不同，其信息技术的应用都带有深刻的行业色彩。具体到中远集团，可以说他们信息系统的建设历程实际上就是对电子商务不断认知、探索、发展的过程。

1. EDI 起步

中远集团主要从事海洋运输，在货物运输的过程中，打交道的部门涉及银行、海关、港口、码头、商检、卫生检疫等各式各样的单位，货物的流转和信息传递息息相关。如果采用纸面文件形式进行信息传输，工作量之大是不可想象的。所以，从 20 世纪 80 年代初中远集团就开始了 EDI（电子数据交换）方面的研究，当时研发出的 EDI 标准后来成为中国海运界的通用标准，一直沿用至今。

中远集团 EDI 中心的建设起步于 20 世纪 90 年代初，当时主要是与国际著名的 GEIS 公司合作，由他们为中远集团提供报文传输服务。1995 年，中远集团正式立项，1996—1997 年完成了中远集团 EDI 中心和 EDI 网络的建设，实现了对海关和港口的 EDI 报文交换，并通过北京 EDI 中心实现了与 GEISEDI 中心的互联，连通了中远集团海外各区域公司。目前，中远集团已经通过 EDI 实现了对舱单、船图、箱管等数据的 EDI 传送，在电子商务方面走在了国内运输行业的前列。

2. “中远网”建设渐入佳境

1997 年，中远集团投入大量资金和人力，建成中远集团全球通信专网，并以该网络为基础，构建了中远集团 Intranet 网络平台。该平台的建成，促进了中远集团全球 E-mail 中心的建设。截至 1999 年 10 月，中远集团已经建成以北京为中心，覆盖中国、新加坡、日本、美洲、欧洲、澳大利亚等国家和地区的电子邮件网络，中远集团海内外的大部分业务人员已经通过其全球 E-mail 系统进行日常业务往来。

1997 年 1 月，中远集团总公司正式开通公司网站。北美、欧洲、中远集运、中远散运、广远等集团各所属单位的网站也相继建成。网站的建立在树立中远集团良好企业形象、扩大中远集团影响、为用户提供高效便捷服务等方面取得了一定的成效，同时也为中远集团开辟了一条通过 Internet 与外界沟通信息、加速中远信息流转的新途径。

1998 年 9 月，中远集运在网站上率先推出网上船期公告和订舱业务。这一业务的开展，突破了传统服务中速度慢、效率低、工作量大、差错率高的问题，将货运服务直接送到客户的办公桌上，使客户足不出户便可办理货物出口业务流程中的委托订舱、单证制作、信息查询等多种业务手续。在网上订舱业务的基础上，中远集团又向全球客户推出了中转查询、信息公告、货物跟踪等多项业务，从而使全球互联网用户均可直接在网上与公司开展商务活动。目前，公司推出的整套网上营销系统，已初步具备虚拟网上运输的雏形，具有较强的双向互动功能和较高的服务效率。其中电子订舱系统可使每一位网上用户在任何地区和时间内，通过互联网与公司开展委托订舱业务，任何一位客户只要具备上网条件，都可足不出户地直接访问中远的电子订舱系统。货物运输及中转查询系统则体现出方便、快捷、准确的操作特色。这项功能可使客户对货物实行动态跟踪，在网上随时查询单证流转、海关申报、进出口及中转货物走向等相关信息。信息公告系统还可以在最短的时间内将中远有关船期调整、运价变化等情况在互联网上作出反映。中远集团电子商务应用的成功开展，极大地提高了市场营销的科技含量，越来越多的新的客户群从互联网上聚集而来。

目前，“中远网”的建设已初具规模，中远集团近 20 个所属单位网站的建设已基本完成，各站点间也实现了链接，组成了“中远网”的基本框架，无论从企业形象还是业务功能上，都在向世界辐射着中远的影响。

3. 电子商务发展战略

中远发展电子商务的战略目标定位在从全球客户的需求变化出发，以全球一体化的营销体系为业务平台，以物流、信息流和业务流程重组为管理平台，以客户满意为文化理念平台构建基于 Internet 的、智能的、服务方式柔性的、运输方式综合多样并与环境协调发展的网上运输和综合物流系统。

4. 动力平台——满足全球客户需求变化

随着电子商务的发展，客户的需求正由实体交易转向虚拟交易，客户最终关心的是以消费者为本的“供给链”“供给链管理”以及“供给链一体化”在网上与现实之间的完美结合。因此，中远发展电子商务的根本出发点和唯一动力就是围绕全球客户的需求变化，为企业创造最佳的效益。

5. 业务平台——全球一体化的市场营销体系

当前，包括中远在内的国际上各大航运企业的内部资源配置模式正在由航线型资源配置模式向全球承运的资源配置模式转变，将遍布于全球各地的人员、设备、信息、知识和网络等资源进行全方位、立体化的协调和整合，形成全球一体化的营销体系。中远电子商务是其全球营销体系的网上体现，中远全球营销体系则是中远全球性电子商务的基础平台。

6. 管理平台——物流、信息流和业务流程的重组

中远电子商务的管理平台是实现物流、信息流和业务流三流统一，以创造更科学、更合理、更节约的生产与消费的衔接。这一管理体系从构成上讲，不是单纯的硬、软件技术，而是从市场上收集各种物流提供者所提供的信息，包括服务内容、方式、费用、时间等；此外，以客户需求为准提供包括服务水平、质量、成本等信息，并将两方面的信息进行集中、加工整理、分析和融会贯通，从而在供求关系上达到互动性交易。作为全球承运人，航运作为全球物流的主干环节，与客户和其他环节的物流提供商存在天然密切的联系而使得发展电子物流具备先天优势，关键是要以互联网为基础，整合客户供应链各环节的物流提供者，构造面向客户的虚拟综合物流网络。

7. 服务平台——“一站服务”和“绿色服务”

中远独具特色的“一站服务”，现在是由其全球营销网络中的每一个服务窗口全部接受客户原先需在公司其他几个部门或窗口才能完成的托运操作手续。客户只要找一位业务员，进一道门，办理一次委托手续，就可以将极其繁复的出运操作流程交付处理。而将来中远网上的“一站服务”，将使客户操作更便捷，只需单击鼠标，就可完成所有手续。中远现在推出的绿色服务，是业务人员进驻客户单位进行联合办公，客户只需提供委托书或订舱书，整个出运业务流程便全部由这些业务人员来完成。而将来“绿色服务”的功能将直接嵌入客户的内部网络中，参与客户的电子商务过程，给客户提供更优良的服务平台。

8. 技术平台——Dntemet 和中远全球信息管理系统

完善电子商务的前提和基础是完善企业级计算机网络及金融、贸易和法律环境，中远集团正致力于从系统设计、数据标准、功能模块、网络技术上，将现有信息系统按照电子商务的更高要求进行完善和调整，致力于在国内外推广电子提单的应用，并在中国航运电子商务业标准的建立上作出自己应有的贡献。

9. 找准切入点

如果说企业过去建网、做信息系统多源于提高办公效率的目的，现在电子商务则更多了一种关乎企业生存发展的使命感。企业做电子商务，首先都是搭平台建网站，但这只是第一步，电子商务之路应该怎么走，还要看企业想用这个平台做什么。

制造型企业想建的可能是网上市场，通过它更好地卖东西；服务型企业可能更希望通过网站增强、延伸自己的服务内容和手段，使自己更具竞争力。但这也只是泛泛而谈，让电子商务真正成为促进企业发展的有效手段，最重要的还是应该从核心业务入手，切入企业的关键需求。

以中远集团为例，它的核心业务是物流运输，涉及的单位多，处理的信息量大，为用户提供服务最需要解决的就是方便用户的办事流程，进行高效、准确、安全的信息服务。多年来，他们一直围绕这个主题，在运输服务领域进行信息技术的探索应用，从 EDI 中心、企业内部网到现在的“中远网”建设，先实现了信息流转电子化，然后一步步地把自己的各种业务搬上网，现在又在筹划开拓新的服务内容。他们看清了物流运输中自己应该扮演的角色，走出了一条中远特色的电子商务发展之路。

每个企业，都有自己特色的业务需求，找准自己的应用点，信息技术贯穿其中，发展电子商务就目标明确、有的放矢。如果看到别人做好了，自己单纯地进行模仿，南桔北枳，很容易费力不讨好。

思考讨论

通过中远公司的电子商务战略，你认为传统物流企业如何发展自己的电子商务？

（参考中国物流与采购网）

提示

1. 电子商务（EC）概念、运作形式。EC 与物流关系。
2. 中远公司的电子商务运作措施和特点。
3. 企业电子商务的基础条件（如理念、企业战略、技术、资金等）和发展前景。

案例1：网上购物的最后障碍

一、配送中心如何设置

杨云是在上大学的时候开始上网的，那时他除了觉得网速缓慢和网费昂贵以外．并没有意识到互联网会与他所学的物流管理专业联系得如此紧密。8 年后，杨云成为便利购物网上商城公司（以下简称便利购物）的物流经理，他深深地体会到网络给零售业和消费者生活带来的巨大变化。但是，无论你的网站物品多么丰富，也无论你的价格多么有吸引力，消费者都以配送服务为最终判断标准，一次失败的配送将完全改变便利购物在消费者心中的形象。可以说，有效配送是网上购物的最后障碍。杨云一直致力于分析如何解决这至关重要的最后环节。

配送就是要实现在正确的地方得到正确的商品，而且保证货物的品质和送货准时。任何错误都可能将供货商的信誉毁掉。大型零售商可以投资建设散货配送中心，为地区的零售店提供服务，并采用托盘化或滚动笼箱等标准化技术。这个系统以间隔舱、托盘和叉车及一些自动化传输系统为基础，大量的操作可以通过自动传输机和高速的分拣系统完成。网上零售商——千口物流企业需要的是重组他们的操作及配送程序，处理好传统零售业务和家庭配送的关系。杨云很清楚网络购物配送中心和零售店的区别。他所在的便利购物 2005 年年终报告总结了在家庭配送方面遇到的困难。报告显示，家庭配送服务总体成本高昂，但又不可能完全让消费者承担。因此家庭配送的商品量少并需要分别派发，一些工作如纸箱储存和分拣只能用手工完成。

因此，一种方案认为可以建立独立的配送中心，以满足网上购物的服务标准，确保家庭配送的服务水平不受影响。但是，这需要房产、分拣配送系统方面的大量投资，并比较适于大型城市。

另一种方案认为，可以与大型零售商联合，在该零售商的零售店内设置单独的分离区域，供网络购物的家庭配送集货和分发。通过使用单独的区域，工作人员能够计算出零售店业务量较少的时间段，并利用该时间段进行网络购物订单的货架拣货。但是，寻找这样的零售商难度非常大。

二、配送费用由谁来承担

便利购物要提高家庭配送服务品质，必将增加设施和设备投资。目前，这些费用只能由增加的利润、销量抵消或由消费者承担。从便利购物的报表信息看，一次家庭配送的实际成本远高于社会上物流企业的平均成本。所以，随着配送量的增加，将会严重影响便利购物的利润率。

另外，加上为冷藏保鲜商品、设立独立仓库等额外费用，配送费用更会大涨。同时，配送距离、配送密度及配送工具和人员的固定费用等都加重配送费用负担。

三、配送食品卫生怎样保证

日益增长的食品配送对仓储和作业过程中食品卫生的要求更加严格。同样是配送车辆，食品要求必须达到冷藏保鲜温度，保鲜冷藏车的高额费用，对于远距离、多配送点的家居配送是不现实的，配送安排也有困难。

还有一些消费者要求将食品配送到工作单位，这就需要将配送的食品提前放到前端配送站或其他地区配送中心，配送中心必须能够提供保温箱。

四、配送商品逆向处理问题

如果配送出现错误、商品出现差错或者消费者拒收商品，这时，好的退货程序可以让便利购物确定出现的问题并找到根本原因。因此，家庭配送中心应具有处理退货的功能。

其他一些逆向配送问题还包括回收用过的器具、处理包装物等。

五、配送能否改善环境

无疑，网上购物以及家庭配送的开展将改变传统的配送模式并影响到人们生活的许多方面。如果配送业务量达到一定水准，消费者会大幅降低外出购物活动次数，从而可能带来一系列良好的社会效果，必会受到广大消费者的拥护。

思考讨论

1. 便利购物电子商务中遇到的主要问题是什么？提出你的建议方案。
2. 你认为网上购物和家庭配送“可能带来一系列良好的社会效果”是什么？

（参考《中国物流与采购》，2007（6））

提示

1. 电子商务公式模型，电子商务与物流配送的关系、发展远景。
2. 提高物流配送效率，降低物流成本的途径分析。

案例2：剖析亚马逊

总部位于美国西雅图的亚马逊网上书店于1995年7月开店，到1999年年底已有160个国家的1 300万网民在亚马逊书店购买了商品。亚马逊1999年第三季度的净销售额为3.56亿美元，比1998年同期增长132%。即使如此，按照公认的会计原则（General Accepted Accounting Principle，GAAP）计算，该公司每股净亏损0.59美元，其中包括1.11亿美元的兼并、收购、投资及库存和物流费用等。

亚马逊网上销售的商品有书籍、音乐、DVD、录像片、玩具、游戏、电子产品及软件、家庭用品等，由亚马逊控股的网站还销售杂货、药品、宠物食品等。亚马逊网上销售的方式有网上直销和网上拍卖。其网上销售流程为消费者上网→网页浏览→选择商品→订货→付款→经营者收款确认→送货。

亚马逊是全球最大的网上书店、音乐盒带商店和录像带店，配送中心在实现这些经营业绩的过程中功不可没。亚马逊网上销售的配送系统具有如下特点。

1. 拥有完整的物流、配送网络

到1999年，亚马逊在美国（乔治亚、堪萨斯、内华达、特拉华、肯塔基等州）、欧洲和亚洲共建立了15个配送中心，面积超过32.5万平方米，其中在乔治亚州的配送中心占地7.4万平方米，机械化程度很高，这是亚马逊最大的配送中心，也是1999年建立的第五个配送中心。1999年配送中心的面积是1998年的十多倍。这一规模足以与一个大型的传统零售公司的配送系统相媲美。因为有这样完善的配送中心网络，订货和配送中心作业处理及送货过程更加快速，这样亚马逊减少了向主要市场上的用户送货的标准时间，所以缺货也更少。

2. 以全资子公司的形式经营和管理配送中心

亚马逊认为，配送中心是能接触到客户订单的最后一环，无疑这是实现销售的关键环节，他们不想因为配送环节的失败而损失任何销售机会。这一做法未必可以推广，但这也说明，对电子商务来讲，配送对整个电子商务系统具有决定性意义。

3. 高层管理人员经验丰富

为了加强亚马逊物流、配送系统的规划与管理，亚马逊1998年7月任命世界上最大的零售商Wal-Mart的前任物流总裁怀特（Wright）为亚马逊的副总裁，而怀特在Wal-Mart时管理的配送中心有30个，总面积达353万平方米，雇员32 000人。这说明亚马逊的配送中心的高层管理人员具有极高的素质和丰富的经验。

4. 亚马逊提供了多种送货方式和送货期限供消费者选择

送货方式有两种，一是以陆运和海运为基本运输工具的标准送货；二是空运，根据目的地是国内还是国外的不同以及所订的商品是否有现货（决定集货时间），送货期限可以有很大的区别，如选择基本送货方式，并且商品有库存，在美国国内需要3~7个工作日才能送货上门；在国外，加上通关的时间，需要2~12个星期送货上门。如果选择空运，美国国内用户等待1~2个工作日可以到货，国外用户则需要等待1~4个工作日。交货时间的长短反映了配送系统的竞争力。亚马逊设计了比较灵活的送货方案，给用户有更大的选择性，受到用户欢迎。

亚马逊的物流与配送也存在不少问题，这些问题在进入2001年后暴露得越来越明显，2001年1月底，该公司决定下调2001年40亿美元的销售目标，同时还宣布裁员1 300人，裁员人数占公司总人数的15%。此外，亚马逊公司还发出警告，2001年上半年该公司将收取15 000万美元的费用。通过这种方法获得盈利不知是否会受到消费者或者投资者的认可，假如真的能够盈利也不知盈利状况能够维持多久。

实际上，自2000年6月23日美国李曼兄弟投资银行公司的可转换公债分析师苏里雅发表关于亚马逊公司的利空投资建议后，亚马逊就成为一个引起人们关注的问题，那时它的股票价格比最高时下跌了70%，市值缩水70%，从600亿美元降到119亿美元。

人们对亚马逊的担心主要集中在以下两点。

1. 亚马逊将会面临现金流危机

1999年公司发行的20亿美元可转换债券现在由于股价下跌、股票受到冷落，债券的转换困难，这些可转换债券的利息不可能以股票方式偿还，若持有人兑付本息将给公司带来巨额现金压力，公司2000年第二季度末现金总共只有10亿美元，全部拿来还债都不够，亚马逊成立只有5年，一直以惊人的速度扩张，使其成为全球最大的电子商务公司。2000年6月与2005年同期相比，亚马逊的销售收入增长了83.81%，总资产增长190.24%。公司销售收入带来的现金流入量虽然在增长，但公司的流动资产却在减少，说明有一部分现金流入量被库存占压，公司2000年第二季度仍然亏损3.17亿美元。根据公司2000年发展计划，扩张速度丝毫没有收敛。

2. 亚马逊将会面临管理危机

扩张和管理永远是一对矛盾，公司的成长主要通过规模扩张来实现，通过扩张占领市场，规模扩大后主要矛盾会集中在管理上。亚马逊已经开办了2个国外网站、13个本土网站，向全球160多个国家的2 000万个消费者出售470多万种商品。如此庞大的规模，如果管理不善就会导致库存增长过快、库存周转次数减少，如何管理这种大型电子商务公司的库存，谁也没有经验，因而，亚马逊的管理层注定要去冒这个管理风险。通过分析有关报表发现，亚马逊的库存周转率从

1998 年的 6.63 次下降到 1999 年的 2.91 次，2000 年第二季度进一步下降为 1.35 次。1999 年亚马逊的销售额比 1998 年增长了 168.82%，但其库存总量，“像吹气球一样的膨胀了”647.8%。

现金短缺、库存积压，苏里雅认为“这种财政状况曾经摧毁过无数的零售商”。为什么亚马逊会出现这种不利局面呢？从物流角度分析，主要存在以下两个原因。

首先，亚马逊建设的配送中心是其经营风险的来源之一。包括亚马逊在西雅图总部的配送中心在内，公司到 2000 年第二季度末为止，一共建了 7 个配送中心，总面积达到 328 650 平方米。其中 1997 年建 2 个，1999 年为配送中心建设的高峰年，一共建 5 个，最大的配送中心面积达 74 322 平方米，现在亚马逊的配送中心能够辐射美国近 50 个州。虽然每个配送中心都采用租赁土地、建筑物的办法来建设，但地上建筑物及配送中心内部设施需要亚马逊自己投资，在内华达和佐治亚两地的配送中心内部采用高度机械化设施，在特拉华的配送中心是现代化的，所需的投资更大。同时，每个配送中心员工人数从 200 到 1 000 人不等，人员成本也很高。从亚马逊公布的 2000 年第二季度财务报告可以看到，1999 年年底，亚马逊的总资产较 1998 年同期增长 281.13%，但负债增长 332.65%，举债投资是进取的表现和扩张的需要，但同时带来的风险也是不能低估的。2000 年 6 月，亚马逊的商品销售成本比 1999 年同时带来的风险也是不能低估的。2000 年 6 月，亚马逊的商品销售成本比 1999 年同期增长 111.59%，销售费用增长 67.50%。

其次，亚马逊的库存状况。笔者认为，导致公司库存大量沉淀的主要原因有以下两个。

（1）公司经营品种过多。亚马逊在网上卖的商品已经有 470 多万种，他们的目标是要为消费者提供他们所想要购买的所有商品。1998 年年底公司销售收入为 6.1 亿美元时，其库存量为 2 950 万美元，库存量占销售收入的 4.8%，但到了 1999 年年底，销售收入猛增为 16.4 亿美元，库存为 2.2 亿美元，库存占销售收入的比重上升至 13.45%。

（2）公司的配送理念。亚马逊每建一个配送中心，其首席物流官吉米·怀特都要说一句话：“在亚马逊，我们配送中心的职员总是在商品到达消费者手中之前最后一个接触商品的人，这就是我们为什么要建立自己配送的原因，因为这样，我们不承担任何风险。”原来亚马逊将“自己配送”作为一种配送理念在贯彻。亚马逊每建一个配送中心都自豪地宣称：“它（配送中心）将极大地增加我们可以储存的图书、CD、录像带以及其他商品数量，仓库里有现货我们就可立即将商品配送给消费者。”像亚马逊与第三方物流企业 FedEx 合作，由 FedEx 安排多达 9 000 名配送人员和 100 多架固定货航，在首发日从 700 多个发行点，为亚马逊 169 000 份订购畅销书《Harry Potter IV》的订单提供配送的例子只是少数。

思考讨论

1. 你如何认识与分析亚马逊的问题？
2. 你认为亚马逊应该采取什么样的物流配送措施？
3. 试为亚马逊设计一个电子商务改革的框架方案。

（参考中国物流与采购网）

提示

1. 物流配送概念与运作特点。
2. 亚马逊面临的主要问题表述。
3. 问题产生原因分析与对策。

第十二章 港口物流

实例1：国外几个港口物流

1. 鹿特丹港

鹿特丹港位于莱茵河和马斯河入海的三角洲，濒临世界海运最繁忙的多佛尔海峡，是西欧水陆交通的要塞，是荷兰和欧盟的货物集散中心，运入西欧各国的原油、石油制品、谷物、煤炭、矿石等都经过这里，有“欧洲门户”之称。目前，该港年吞吐量有超过5亿吨的纪录，当之无愧地占据着世界第一大港的地位。鹿特丹港口物流的发展经验与模式分析如下。

（1）多样化的集装箱运输形式。鹿特丹港是欧洲最大的集装箱码头，它的装卸过程完全用电脑控制，集装箱装卸量已超过320万箱。鹿特丹的集装箱运输形式主要有公路集装箱运输、铁路集装箱运输和驳船集装箱运输。

（2）港城一体化的国际城市。鹿特丹作为重要的国际贸易中心和工业基地，在港区内实行“比自由港还自由”的政策，是一个典型的港城一体化的国际城市，拥有大约3 500家国际贸易公司，拥有一条包括炼油、石油化工、船舶修造、港口机械、食品等部门的临海沿河工业带。

（3）现代化的港口建设。鹿特丹港以新航道为主轴，港池多采用挖入式，雁列于主航道两侧，按功能分设干散货、集装箱、滚装船、液货及原油等专用和多用码头，实行“保税仓库区”制度，构成由港口铁路、公路、内河、管道和城市交通系统及机场连接的集疏运系统。

（4）功能齐全的配送园区。鹿特丹港在离货物码头和联运设施附近大力规划建设物流园区，其主要功能有拆装箱、仓储、再包装、组装、贴标、分拣、测试、报关、集装箱堆存修理以及向欧洲各收货点配送等，发挥港口物流功能，提供一体化服务。

（5）不断创新的管理机制。鹿特丹港务管理局在不断地进行功能调整，由先前的港务管理功能向物流链管理功能转变，继续扩大港口区域，尝试使用近海运输、驳船和铁路等方式，来促进对物流专家的教育和培训，建设信息港，发展增值物流。

2. 安特卫普港

安特卫普港位于比利时北部斯海尔德河下游，距北海约 80 km 处，是欧洲第二大港、世界第四大港，港口接近于欧洲主要生产和消费中心，吞吐量的一半为转口贸易，是欧洲汽车、纸张、新鲜水果等产品的分拨中心，港口运输量几乎 100% 是国际运输，成为强有力的国际物流中心。其港口物流发展的经验与模式分析如下。

（1）完善的交通网络。安特卫普港与世界上 100 多个国家和地区建立了贸易关系，拥有 300 多条班轮航线与世界上 800 多个港口相连，水运与密集的高速公路、铁路为核心的陆运相衔接，形成完善的交通运输网络，保证商品运输的畅通。

（2）良好的硬件设施。安特卫普港拥有汽车、钢材、煤炭、水果、粮食、木材、化肥、纸张、集装箱等专业码头，备有各式仓库和专用设备，建有炼油、化工、石化、汽车装备和船舶修理等工业开发区。

（3）现代化的信息服务。安特卫普港拥有现代化的 EDI 信息控制和电子数据交换系统，使用“安特卫普信息控制系统（APICS）”。私营行业还建立了“安特卫普电子数据交换信息系统（SEAGHA）”，并与海关使用的“SADMEL 系统”以及比利时铁路公司使用的“中央电脑系统”等其他电子数据交换网相连。

3. 新加坡港

新加坡不仅有优良的深水港，还兴建了 4 个集装箱码头，每年可装卸超过 1 500万个集装箱，是世界上第二大集装箱枢纽港。新加坡的远景目标是把该国发展成为集海、陆、空、仓储为一体的全方位综合物流枢纽中心。新加坡港口采取了一系列新举措实现这一目标：一方面，调整港口管理策略并制订新措施，准备开放港口允许船舶公司以合资方式拥有自营码头，并欢迎国际上的港口经营集团到新加坡投资发展码头。另一方面，注重技术改造，通过挖掘内部潜力来提高生产力。2002 年 3 月，新加坡海事及港务管理局进行了一项试验性计划，在新加坡海港采用自动识别系统，避免船舶相撞并提高港口航行的安全。其港口物流发展的经验与模式分析如下。

（1）政府支持“一条龙”发展物流。1997 年 7 月，新加坡物流倡导委员会制定发展纲领，同年新加坡贸易发展局联合 13 个政府机构，展开“1997 年物流业提升及应用计划”，先后推出了“1999 年物流业提升及应用计划”以及“2001 年物流业提升及应用计划”，成功地将运输、仓储、配送等物流环节整合成“一条龙”服务。

（2）物流与高科技的结合。新加坡物流公司基本实现了整个运作过程的自动化，新加坡政府启动“贸易网络”系统，实现企业与政府部门之间的在线信息交换，物流企业都先后斥资建成了电脑技术平台。

（3）专业性强，服务周全。新加坡境内的物流公司专业化、社会化程度高，可以为某一行业的企业提供全方位的物流服务，也可以为各行业的客户提供某一环节的物流服务，物流企业以满足客户需要为出发点和最终归宿点，由物流公司和客户共同研究选择出一种或几种最理想的服务方式，最终找出能最大限度为客户提供低成本的解决方案。

需要特别指出的是，在港口业发展中，信息化对货物运输起着主导和控制的作用。因此，各个港口都很注重对信息的掌握、控制和处理，不断提升网上订舱、电子数据交换、客户跟踪等服务能力。

现代物流信息化港口得以迅速发展，要解决三个层面的因素。第一个层面是利用互联网技术解决信息共享、信息传输的标准问题和成本问题。只要解决信息的采集、传输、加工、共享，就能提高决策水平，从而带来效益。在这个层面上可以不涉及或少涉及流程改造和优化的问题，信息系统的任务就是为决策提供及时、准确的信息。

第二个层面是港口将系统论和优化技术用于物流的流程设计和改造，融入新的管理制度。此时信息系统的作用是固化新的流程或新的管理制度，使其得以规范地贯彻执行，并使物流在规定的流程中提供优化的操作方案，例如仓储存取的优化方案、运输路线的优化方案及提供更人性化的服务方案等。

第三个层面使港口与企业之间形成供应链，使供应链管理的作用上升，其中物流管理是其主要组成部分。

思考讨论

1. 从世界地图上找到这 3 个世界级港口，了解其地理位置，理解其物流作用。
2. 谈谈这 3 个世界级港口的发展经验和物流模式以及对我们的借鉴意义。

（参考 http：//www. 56885. net/lw_ ）

提示

1. 查找世界港口地图。
2. 各港口物流模式特点。
3. （结合调研）我国或某港口现状（发展）与之对比的差距与建议。

实例 2：环渤海地区的“耀眼明珠”——曹妃甸

曹妃甸位于唐山南部沿海、渤海湾中心地带。曹妃甸被列为国家第一批发展循环经济试点产业园区和国家“十一五”发展规划。作为我国第一个科学发展示范区，按照国家批复的《曹妃甸循环经济示范区产业发展总体规划》，功能定位为中国能源、矿石等大宗货物的集疏港、新型工业化基地、商业性能源储备基地和国家级循环经济示范区，将形成以现代港口物流、钢铁、化工和装备制造四大产业为主导，电力、海水淡化、建材、环保等关联产业循环配套，信息、金融、商贸、旅游等现代服务业协调发展的循环经济型产业体系。预计到“十一五”末，总投资将达到1 500亿元左右。

在总体发展规划上，将按照循环经济发展的理念，重点建设一个深水大港、一座滨海生态城市，发展四大循环经济产业链。

一个深水大港，就是建设世界一流的综合性、国际性深水大港。曹妃甸港区可利用海岸线62千米，可建30万吨级以上的大型泊位16个，10万~15万吨泊位50个，5万~8万吨泊位200个，将建设矿石、煤炭、原油、液化天然气、散杂货、集装箱等码头，年吞吐量将超过5亿吨，成为世界级大港口之一。

借鉴世界港口城市发展经验，按照生态环保、资源节约、社会和谐的理念，正在沿海滩涂上规划建设的生态城，将逐步建成世界一流的国际生态城市、港口城市、滨海城市和环渤海地区中心城市，为城市生态化发展提供一个国际性范例。国际生态城远期规划面积150平方千米，近期规划面积80平方千米，预计五年内，将形成50万人口的聚集。

四大循环经济产业链：

一是现代港口物流产业链。建设完善的码头、铁路、公路、管道、仓储等综合运输设施，大力发展以陆海联运为特点的物流服务，完善港区信息服务体系，拓展港区综合服务功能，建立服务“三北”地区的能源原材料物流中心，煤炭陆海联运中转枢纽，形成开放式、互通型的运输系统、仓储系统和服务系统，逐步发展成为我国北方重要的现代港口物流基地。重点建设进口铁矿石专用码头、煤炭外运码头、进口原油接卸码头、LNG接卸码头、成品油（二甲醚）中转码头、杂货码头、原油储备设施以及迁曹铁路、唐曹高速公路等项目。适时建设煤运第三通道出海口。

二是钢铁产业链。建设具有21世纪国际先进水平的大型精品钢铁基地，到2010年形成千万吨精品钢铁生产能力，最终将形成3 000万吨的生产能力。

三是化工产业链。依托进口原油码头和冀东油田、南堡盐场及海水淡化资源、腹地煤炭资源，规划发展石油化工、盐化工、煤化工及其相关配套产业，逐步形成三大化工成组布局、协调发展的大型化工基地。

四是装备制造产业链。依托精品钢铁基地，建设大型船舶、港口机械、石油钻探机械、冶金设备、工程机械等一批大型、重型装备制造项目，逐步形成京津冀地区钢材与装备相互依存发展的临港装备制造基地。

思考讨论

1. 曹妃甸港口的发展目标是什么？
2. 曹妃甸的四大循环经济产业链及其相互关系怎样？

（参考《曹妃甸工业区发展和规划情况》（2008 年 10 月））

提示

1. 查找、调研曹妃甸地理位置与发展规划。
2. 四大循环经济产业链内涵。

实例 3：河北省港口物流资源系统整合的模式选择

在经济全球化的形势下，现代物流已成为经济全球化最为经济合理的综合服务方式，港口作为国际运输系统的重要节点，在港口物流体系中发挥着重要的作用。

港口企业发展到一定规模后，就要拓展其生存和发展空间，这就不可避免地要求港口与物流供应链中前后向利益主体之间进行整合；同时，港口物流系统是一个巨大的体系，从不同的角度分解，就产生不同的子系统，将不同的子系统进行分类整合，就出现了各种各样的整合模式。不同港口企业有不同的物流资源和服务对象，其经营方式也有差别，只要从不同的分析角度、按照不同的分析方法、结合各港口的资源特点就会生成不同的整合模型。

一、整合模式选择的原则

河北省有四个重要港口：曹妃甸港、秦皇岛港、唐港和黄骅港，属于港口群。由于港口群资源的整合与优化配置问题涉及的范围广，可选的模式多种多样，在进行方案设计的时候，应当遵循以下几条原则：符合河北省经济发展总体规划；港口资源配置市场化；保持各个港口经营效果良好；结合产业发展进行港口投资。

二、整合模式选择的基础

1. 河北省建设沿海强省的政策推动

2006 年 11 月，河北省委主要负责同志指出要坚持统筹谋划，整体推进河北省四大港口资源整合，形成高效、合理的港口群系统，构建港口、港城和工业区统一高效的管理运行体制。

2008 年，河北省政府又对服务业、现代物流业发展做出重要部署。2009 年，配合国家振兴现代物流业发展规划，河北省也推出调整和振兴现代物流业实施意见。在这一系列重要文件中，都对省内各港口的功能定位提出重要安排。

2. 各港口发展的目标定位

对于河北区域内四大港口而言，曹妃甸港条件较好，根据港口位置、条件和产业发展规划，将建成环渤海地区的国际性能源和原材料集疏枢纽港。而秦皇岛港、京唐港和黄骅港可以围绕中心枢纽港的发展成为与之相协调发展的专业港、配套港、分流港。

3. 各港口临港产业目标定位

在重点建设好临港经济区方面，曹妃甸工业区要高起点编制总体规划，努力建设成为“科学发展示范区”；黄骅港的沧州临海工业区发展以化工、物流为主的临港产业；秦皇岛临港经济区，要拓展港口功能，大力发展高新技术、重大装备、食品加工、滨海旅游等产业，成为环渤海经济带上的新亮点。

三、整合模式的确定与效果分析

1. 整合模型的确定

港口间独自决策的效率不如通过协商合作后的联盟体的效率高，表明了港口物流联盟是港口物流企业应对挑战，摆脱困境的有效手段。河北省港口物流资源是由四个港口资源组成的，首先，从总体上应该是一种横向一体化的资源整合模式，然后，根据港口资源特点结合腹地产业情况对四个港口分别实施纵向一体化的整合；最后，把各个港口通过信息系统串联起来，形成一个完整的整合模式，如图 12－1 所示。

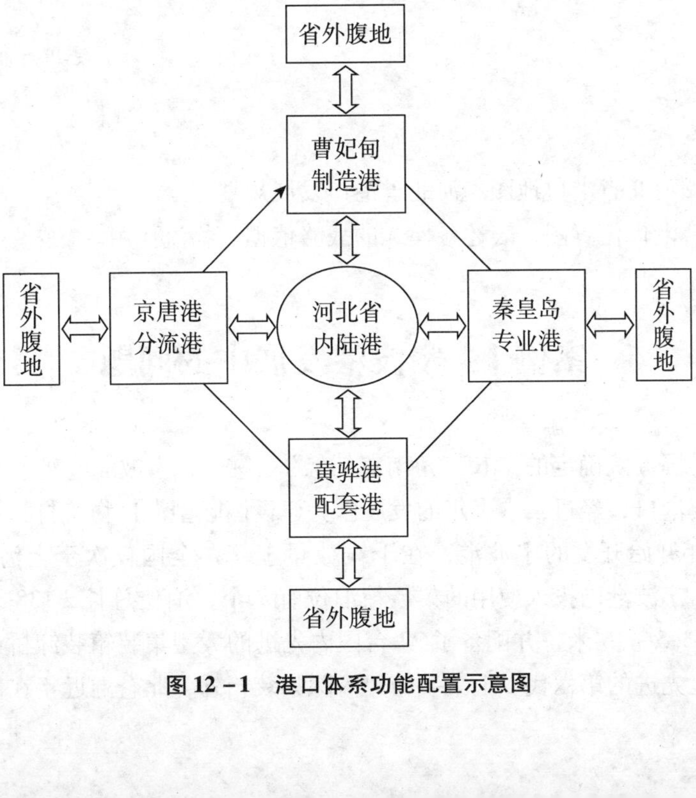

图 12－1　港口体系功能配置示意图

2. 整合模型的效果分析

（1）各港口业务定位合理。曹妃甸枢纽港可以在立足传统业务的基础上，拓展业务，涉足物流服务新领域，充分利用自己的技术和实力优势，争取向物流中心方向发展。秦皇岛专业港、黄骅港配套港、京唐港分流港可根据自身优势定位，还可以选择相互间的联营方式，协调港口使用平衡，提高使用效率。

（2）临港产业进一步扩大。曹妃甸工业区可以进一步发展钢铁、装备制造、化工等临港产业，利用资源优势，建设“科学发展示范区”；黄骅港临海工业区，具有大规模开发的基本条件，发展以化工、物流为主的临港产业。秦皇岛临港经济区，要大力发展高新技术、食品加工，滨海旅游等产业，成为环渤海经济带上的新亮点。京唐港将建设成为以工业港为特色的综合性国际贸易集散基地。

（3）信息沟通快捷、功能完善。为了使整合的港口物流系统之间更加透明化，在整合业务的同时，也把各港口之间的信息子系统整合进来，各港口之间通过数据共享，形成布局合理、优势互补的港群体系。信息系统的完善为进一步构建港口群、临港工业区与腹地之间统一高效的运行体制打下基础，为河北建设沿海强省提供融入国际大物流体系的路径选择。

思考讨论

1. 在地图上找出上述四个港口的区域位置。
2. 各港口的主要物流业务及其在整合模式中的作用。

（参考河北省政府网）

提示

1. 查阅河北省港口地图和河北省港口发展规划。
2. 结合港口位置图，表述各模式的战略依据、物流作用。

案例 1：宁波港发展中的问题

宁波是国务院确定的“长三角南翼的经济中心”，宁波北仑港作为我国东南沿海的重要港口，经过二十多年的发展已为建设国际型港口物流打下了良好的基础。1973 年开始开发的宁波港，在干线数量上，在全国仅次于上海、深圳港，居第 3 位。宁波港已投入使用的集装箱泊位有 7 个，泊位总长 2 138 米，码头前沿水深为 13.5 ~ 15 米，并配备了 22 台国内先进的大型集装箱装卸桥吊，可接卸目前世界上先进的第六代以上集装箱船。除集装箱外，北仑港近年在散货码头上的发展更是势如破竹。宁波化工区靠近北仑港，北仑港已建成万吨级以上的泊位28座，其中有25万吨级原油码头、20吨级矿石码头和通用泊位等。宁波还拥有全国最大的液体化学品专用码头，年吞吐能力超过100万吨，有4座化工专用码头，已投入营运的化工储罐20万立方米。

“杭州湾跨海大桥的开通将给宁波的港口物流业带来六大机遇和五个挑战。”日前，宁波市政协专题调研组公布了他们经过深入调研而得出的结论。

机遇一：交通格局的改变使宁波港口吸纳杭州湾北岸货源成为可能。大桥的开通改变了杭州湾南北两岸陆路运输距离，加上大桥开通后的相关优惠收费政策，使宁波港口物流业有了新的机遇，嘉兴、苏州、无锡、常州、湖州等城市通过洋山港出运的集装箱货物理论上已经可以成为宁波港通过各种优惠政策来积极争取的对象。

机遇二：港口集聚效应将给予宁波新的机会。大桥的开通将使宁波和上海出现更强的港口物流产业集聚效应。宁波对北岸地区集装箱的吸引力将相应增强，同时，宁波港口散杂货运输的优势仍然能够相对独立地快速发展，另外宁波可以通过打造货种层面的港口服务优势来吸引北岸的相关货种的集装箱货源。

机遇三：宁波港口自身优势货种的服务竞争力和集聚范围增大。宁波港口可以借助于现有的电器及设备制造、轻工业制造等优势集装箱货源产业和面向已有优势货种的较为完善的港口物流服务能力，进一步提炼和打造这些优势货种的物流服务层面的规模优势，留住现有的货源，并积极吸引北岸和浙中北地区的相同种类的货源。

机遇四：宁波港口腹地范围扩大。大桥的开通将彻底打通宁波港口的北方通道，直指集装箱生成量极大的浙西北地区和苏南地区，进而延伸到整个长江流域，使其直接腹地和间接腹地的范围不断扩大，部分北岸城市将由上海的独享经济腹地变成上海与宁波的共同腹地。

机遇五：产业结构逐步调整，宁波的优势产业基地集聚北岸的能力和可能性提高。纺织业、电气机械及器材制造业、通用设备制造业等产业是浙江省也是宁波市的相对优势产业，通过进一步培养行业规模效益和区域影响力，来构建长三角范围内的产业集聚地，可以为港口物流业的发展带来巨大的本地货源。

机遇六：随着宁波交通物流地位的提高，航运物流企业将有可能重新调整其在宁波的战略地位。面对宁波进一步凸显的长三角南翼经济中心的地位，国际班轮、国际货代等大型物流公司以及大量的国内物流企业将会重新评价宁波的城市地位，审视宁波在其战略中的地位，调整宁波在其发展运营中的比重，重新定夺与宁波的合作力度。

挑战一：交通格局改变也引发本地货源开始尝试上海路线。大桥开通后，绍兴、慈溪、温州、台州通过大桥到上海港比原先绕道杭州减少35~180千米，使得南岸本地货源直接面临上海的辐射。

挑战二：港口集聚效应中上海集装箱优势比宁波更为明显。上海在集装箱运输上有更大的优势，宁波的优势则在于散杂货运输，而能够通过大桥进行转移的货种主要在于集装箱货物，因此上海港借助于大桥而拥有较强的集装箱货物集聚能力，这意味着上海港对南岸地区的集装箱吸引力会增强。

挑战三：港口腹地范围重新调整，使宁波原本许多优质独享腹地转变为共享腹地。宁波港口面临着绍兴、台州甚至宁波当地等传统腹地的箱量通过大桥转向上海港的可能性增大。

挑战四：北岸以上海为核心的高能经济圈会吸附宁波的相关产业，导致大量企业总部迁移。杭州湾南岸的部分非优势产业将会受上海、苏州、嘉兴等热点产业的吸附，转移部分投资，甚至南岸部分优势产业也会由于上海强大的国际形象而转移总部所在地。

挑战五：大桥开通促使各地的竞争性对策加强，增加了宁波港口物流发展的压力。大桥开通引起各地调整竞争策略，影响港口物流的发展，各地之间的竞争必然会给宁波的港口物流业发展带来压力，会在一定程度上影响宁波港口物流业的发展速度，但同时也会间接促进宁波港口运作效率的逐步提高。

思考讨论

1. 进一步了解宁波北仑港的地理位置、交通状况与港口现状。
2. 面对机遇和挑战，你有何建议？

（参考物流天下全国物流信息网）

提示

1. 查阅宁波北仑港地图位置。
2. 参观（或查阅）宁波北仑港（相关资料）。
3. 宁波北仑港面临的机遇和挑战。

案例2：我国港口物流的现状与问题

一、我国港口物流的现状

我国拥有1.8万千米海岸线，11万千米内河航道，承担着9%左右的国内贸易运输和85%以上的外贸货物运输。到2007年年底，全国港口拥有生产用码头泊位3 500多个，其中万吨级及以上泊位1 200多个。2007年，全国港口完成货物吞吐量 64.1 亿吨，同比增长 15.1%。有上海港、宁波港、广州港、深圳港、天津港、秦皇岛港、青岛港、大连港、苏州港、南京港、日照港、南通港、烟台港、营口港 14 个亿吨大港。至此，在世界排名前 20 位的国际港口中，我国已占有 10 席位置。与此同时，集装箱吞吐量成为我国港口经济的最大亮点，2007 年港口集装箱年吞吐量突破 1 亿标准箱，达到 1.127 亿标准箱，同比增长 20.4%，居世界第一位。专家预测到 2010 年，我国港口年吞吐量将达到 81 亿吨，集装箱年吞量将达到 1.4 亿标准箱。我国已经成为世界上港口吞吐量、集装箱吞吐量最大的国家。

2003 年出台的《中华人民共和国港口法》标志着我国港口管理步入了依法行政、以法治港，港口管理迅速与国际接轨的历史新阶段。2006 年 9 月，交通部为进一步优化沿海港口布局，合理有序开发和利用港口岸线资源，加强国家对港口规划和建设的管理，颁布了《全国沿海港口布局规划》，标志着中国沿海港口建设与发展进入了新的发展阶段。同时，港口下放、区港联动和港口体制改革，推动了港口发展新一轮热潮。各地方政府正抓住机遇，纷纷提出以港兴市的发展战略。

港口已成为我国对外开放的门户和窗口。我国对外开放的港口已有 140 多个，已与 50 多个国家签订了海运协定。已有 30 多个国家近百家境外航运公司获准在中国港口开辟集装箱班轮航线。

二、我国港口物流发展存在的问题

我国港口物流，取得了长足的发展。已经成为国民经济发展的重要组成部分，并在推动国民经济发展中起到越来越重要的作用。但与国外港口相比，不论在物流意识还是在物流软、硬环境上，都有不小的差距。其存在的问题如下。

（1）港口物流业目前存在的最大问题是国际化、市场化、现代化程度低，对经济建设与社会发展的适应度不足。如 2007 年，我国社会物流总成本为 45 406 亿元，同比增长 18.2%。社会物流总成本占 GDP 的比重为 18.4%，比发达市场经济国家高出近一倍，反映出我国物流仍处于十分落后的状态，物流成本过高，而港口物流处于同样的状态，港口的运输成本、仓储成本、管理成本均达不到国际港口的先进水平，港口物流的水平往往是一国物流总水平的主要标志。

（2）港口的基础设施薄弱，结构性矛盾比较突出。主要表现在：一是港口的集疏运网络与发达国家相比还有很大差距。发达国家集装箱铁路运输占全国铁路货运量的比重为 30% ~50%。而我国集装箱铁路发送量 2005 年仅占 2.2%，2006 年为 2.6%。发达国家海铁联运的比重达 20% ~40%，而我国海铁联运比重仅占全国港口集装箱吞吐量的 1.5% 左右。铁路集装箱运输已经成为港口集疏运的“瓶颈”。二是深水航道、大型码头不足，已不能满足船舶大型化发展的需要。

(3) 信息化服务水平较低。我国沿海港口和大型港口的信息化投入较高，但是信息化服务水平不高，难以满足客户需求，特别是国际客户需求。港口物流信息系统的功能在港口物流所涉及的相关行业部门中缺乏协调性和共享性。

(4) 港口间发展缺乏协调性，联盟程度低。一方面，各港口之间缺乏沟通和联系，不能及时互相了解最新的港口物流知识和理念，限制了自身的发展；另一方面，也降低了区域整体物流实力，减弱了竞争力。

(5) 港口物流的专业人才匮乏。港口物流的专业人才极其匮乏，而且普遍缺乏现代物流意识，这同时导致了专业化物流服务方式有限，物流企业的经营管理水平亟待提高。

思考讨论

1. 请对比最近一年我国港口发展的吞吐量和集装箱吞吐量。
2. 对存在的问题，你有何建议？

（参考 http：//www.233.com/，2009.7.9）

提示

1. 港口物流概念。我国的主要港口及其区位。查阅我国港口业发展历史资料。
2. 目前我国港口现状与存在的主要问题。
3. 原因简要分析和建议。

第十三章
物流园区

实例1：基于驱动力规划物流园区

目前，我国的物流园区建设中存在着大干快上、急功近利的弊端，出现了很多失败的案例。世界一流的物流咨询和研究机构——德国弗劳恩霍夫物流研究院在众多的国际性物流园区规划项目实践中总结出了基于需求驱动、竞争驱动、最佳实践驱动这三个驱动的物流园区规划方法。一些专家在结合我国国情研究了该研究院发表的物流园区规划方法后，认为在我国现阶段，要想规划好物流园区主要应当从以下五个方面着手。

1. 市场分析

为了深入了解区域物流园区周边地区的经济发展状况、市场需求、基础设施、服务竞争等情况，必须对物流园区辐射地区的宏观经济、产业和微观环境情况进行全面调查和研究，根据长远和近期的物流量，确定物流园区长远和近期的建设规模。

2. 战略定位

在完成翔实的定性和定量市场分析和研究之后，规划者必须对物流园区整体优势、劣势、机会、威胁进行分析（即SWOT分析），这些分析主要作用是帮助园区的高层经营决策者明晰内外部环境，提出发展物流园区的使命、远景目标和制胜策略，从而进行准确的战略定位，帮助实现其战略目标。

典型的物流园区制胜策略有：充分利用保税物流中心的功能，实现对进出口通关和行政管理的高效率；充分利用和拓展现有的物流信息系统，打造强势的国际物流信息平台等。

3. 功能设计

物流园区的功能设计主要采用自顶向下的方法，即在确定物流园区的规划原则以后，对物流功能规划所涉及的核心因素进行列举和分析，然后通过收集整理一系列国际最先进的物流园区案例，总结出对国内物流园区最适合的经验。

随后，整个物流园区将被划分为几个大功能区域，例如物流产业区和管理服务区，规划者再从国际最佳实践经验，以及市场调查得到的实际需求两方面入手，为每个功能区域命名、定义、分配相应的面积、引入相关的设施、设备和IT系统。功能规划的最后一步将是对物流园区的核心流程进行定义和描述。

4. 布局设计

物流园区的设施规划与布局设计是指根据物流园区的战略定位和经营目标，在已确认的空间场所内，按照从货物的进入、组装、加工等到货物运出的全过程，力争将人员、设备和物料所需要的空间作最适当的分配和最有效的组合，以获得最大的经济效益。

对物流园区中的各建筑设施的选址和规划应采用科学的定量方法，如运筹学中的一些最优选址方法、最短路径法、最小费用最大流法、有效的物料进出表法、搬运系统分析法、模糊理论中的模糊综合评价法、最优决策方法等。

5. 商业计划

商业计划主要是让园区投资和经营管理者按照公司体制设计业务模式和管理模式，主要包括物流园区管理公司的组织架构和职责、物流园区业务模式、收益预测、客户分析、园区销售/市场推广策略、投资收益等财务概要分析。

思考讨论

1. 请解释什么是需求驱动、竞争驱动、实践驱动物流园区的规划方法？
2. 一般物流园区有哪些功能？

（参考 http：//edu. wuliu800. com/2009/0107/11791. html）

提示

1. 物流园区概念、类型。物流园区规划模块概要。
2. 物流园区主要功能。

实例2：德国物流园区的发展模式

物流园区作为物流业发展到一定阶段时产生的新兴物流集疏方式，在德国等发达国家已经得到了快速发展。

德国在设置物流园区时主要考虑以下四方面因素：

一是至少可以实现两种以上运输方式连接，特别是公路和铁路两种方式；

二是选择交通枢纽中心地带，使物流园区布局与运输网络相适应；

三是经济合理性，包括较低的地价、数量充足且素质较高的劳动力等，为园区企业获得必要利益创造条件；

四是符合环境保护与生态平衡的要求。

在物流园区的建设和经营上，其基本做法有 4 个方面的内容。

1. 联邦政府统筹规划

联邦政府在统筹考虑交通干线、运输枢纽规划的基础上，通过对经济布局、物流现状进行调查，根据各种运输方式衔接的可能性，在全国范围内对物流园区的布局、用地规模与未来发展进行合理科学的规划。

2. 州政府、市政府扶持建设

德国政府扶持物流园区发展的重要原因是对园区公共服务职能的定位，认为园区建设并非为了单纯地追求盈利。在物流园区的建设和运营过程中，州及地方市政府扮演了主要投资人的角色。例如，位于德国中部图林根州州府 Er-furt 市郊的图林根物流园区，其建设投资比例为：市政府占 42.5%，州经济开发部占 35.5%，联邦铁路〔DB〕占 14.7%，行业协会占 7.3%。

3. 企业化经营管理

德国物流园区的运营管理经历了由公益组织管理到企业管理两个阶段。负责管理物流园区的企业受投资人的共同委托，负责园区的生地购买、基础设施及配套设施建设以及园区建成后的地产出售、租赁、物业管理和信息服务等。

4. 入驻园区企业自主经营

入驻物流园区的企业实行自主经营、照章纳税，依据自身经营需要建设相应的仓储设施、堆场、转运站，配备相关的机械设备和辅助设施。

思考讨论

1. 德国物流园区选址考虑的因素有哪些？
2. 德国物流园区的发展模式特点是什么？对我国有何启发？

（参考《现代物流报》，2009.1.16）

提示

1. 物流园区选址应考虑的主要因素。
2. 德国物流园区四种模式利弊分析。对我国的借鉴价值。

实例 3：浙江基于产业集群的物流园区发展模式

物流园区有助于为产业集群提供集成化、专业化、一体化的物流服务，提升产业集群竞争力。并且，产业集群和物流园区可以实现互动和耦合发展。根据浙江省产业集群的特点，可以从产业集群的物流量、集聚度、集群类型、产品特征、物流特征和出口比例等属性出发，构建服务于产业集群的物流园区模式。

1. 专业型物流园区

专业型物流园区适用于产出品或投入品具有特殊属性的产业集群，相比一般物资的物流活动，特殊产品的包装、搬运、运输、存储和养护等物流活动具有特殊的操作要求、技术标准和安全标准，采用专用的物流工具、设备和设施，物流运作比较复杂，与产业上下游产品的关联性高，与生产企业运营环节的结合更加紧密。因此，如果物流量大，集聚度高就应该建立专业型的物流园区。专业型物流园区通过投资专用的物流设施和工具，引入专业化的物流公司，培养专门的技术人才，可以更好地为产业集群提供专业化的物流服务。

2. 出口型物流园区

出口导向的产业集群，在供应链的不同环节中融入国际市场，产生了国际物流环节。这就需要物流园区将国内物流和国外物流进行衔接和整合，提供报关、通关、保税、仓单抵押、物流金融、虚拟航空港、无水港等综合性国际物流服务。出口型物流园区往往需要根据“陆路口岸”功能规划建设，设立集装箱堆场区、海关查验、检验检疫区、公共保税仓库、出口监管仓库、国际采购平台等设施和系统，引入国际货运运营商和国际货运代理商，提供供应链一体化的国际物流服务。

3. 商务会展型物流园区

许多产业集群是依托专业市场发展起来的，集群竞争力更多地依赖于市场营销能力而非生产能力，商贸会展物流体系建设成为这类集群及其企业塑造品牌和提高竞争优势的重要途径。商务会展型物流园区应重点发展专业仓储、快速配送、流通加工、展览展示、咨询发布、信息交流、贸易洽谈、电子商务、进出口服务等业务，形成特色商品集散中心、流通加工中心、交易中心、价格形成中心和信息发布中心。

4. 共享型物流园区

对于一些中小规模的产业集群，由于物流量比较小，为某个产业集群单独建立物流园区达不到规模经济。但是如果一个区域内有多个产业集群，虽然每个集群物流量比较小，但是累加起来就可能比较大。这种情况下可以考虑多个产业集群共享物流园区。截至2004年，在浙江省90个县（市、区）中，共有82个形成了产业集群，年产值亿元以上的产业集群601个。大部分县市区产业集群数量比较多，综合物流量比较大，为建立共享型的物流园区提供了物流需求基础，同时也可以发挥范围经济的优势，降低物流成本。

5. 龙头企业型物流园区

在浙江，通过龙头企业推动形成产业集群的案例比比皆是。产业集群的龙头企业往往凭借自身在集群分工中的业务优势，通过业务创新和衍生，强势整合和重组集群中的物流系统。龙头企业在集群供应链中是核心企业，往往具有管理整条供应链和整个产业集群的能力。它们的发展决定着集群的发展，这种情况下物流园区的建设和运营可以由龙头企业来推动和负责，具体可表现为市场衍生型、加工配送型和厂商衍生型物流模式。

浙江省产业集群数量众多，分布广泛，基于产业集群构建物流园区需要政府进行统一规划，统筹各种物流供应和物流需求，统筹各种物流和交通设施的建设，统筹物流园区的建设进度和动态发展，统筹物流与产业集群的互动发展关系，避免重复建设，共享物流资源。

思考讨论

1. 什么是产业集群？
2. 试述各类物流园区的基本特点。

（参考《现代物流报》，2008. 11. 26）

提示

1. 产业集群内涵与作用。
2. 不同物流园区特点及其在产业集群中的地位。

案例1：上海外高桥保税物流园区

上海外高桥保税区是中国第一个保税区，位于上海东北端，濒临长江口，处于长江与东海岸线的交汇点，距虹桥国际机场40分钟车程，距浦东国际机场20分钟车程，距上海火车站35分钟车程，距地铁2号线浦东终点站20分钟车程。外高桥保税区集自由贸易、出口加工、物流仓储及保税商品展示交易等多种经济功能于一体。

上海外高桥保税物流园区面积1.03平方千米，2004年4月15日顺利通过国务院联合验收小组的封关验收，是发展仓储和物流产业的专业区域。上海外高桥物流中心有限公司统一负责保税物流园区的开发建设、招商引资、项目经营和营运管理。政府主管部门、海关、国检、国税、外汇银行、企业、港口、代理公司之间的电子联网，实现信息共享，港区与园区一体化。例如，海关在此设立无障碍自动卡口，通过信息共享平台，进出港区园区的货物只需一次申报，一次查验，一次放行。物流园区通过整合港区和保税区资源，园区和港区开辟海运直通式通道，实现“区港联动”，促进货物在境内外快速集拼，流动和集运，带动信息流、资金流和商品流的集聚和辐射。所谓区港联动，是指外高桥保税区与外高桥港区的联动，在港区划出部分区域作为保税区（不包含码头泊位），实行保税区政策，简化相关手续，方便货物在港区和境内外之间快速流动。保税物流园区有四大功能：

1. 国际中转功能

即对进入园区的国际、国内货物及保税货物进行分拆、集拼、转运至境内外目的港，集装箱在园区堆存无时间限制。

2. 国际配送功能

即境外进入我国的货物，可以把货物储存在保税物流园区内，根据市场的需求，向国内外进行分拨配送。

3. 国际采购功能

即对采购进区的国内货物和保税货物进行出口集运的综合处理和临港增值加工后向国内外分销。

4. 国际转口贸易功能

即保税物流园区内企业可开展以转口贸易为核心的服务贸易，加快国际物流运作。

供讨论的问题（分组讨论（三个小组））：

一组讨论题：上海外高桥保税物流园区现有的运作状况。

需要讨论以下几个方面：

(1) 该物流园区现有的经营状况，区港联动的含义，其优势体现在何处？

(2) 该物流园区与其他相关的政府部门是如何进行无缝化连接作业的？

(3) 与国外著名的物流园区相比，该物流园区还有哪些方面需要进一步改进提高？

二组讨论题：上海外高桥保税物流园区表现出来的功能及物流园区的实质。

可以从以下方面进行讨论：

(1) 上海外高桥保税物流园区现有的功能。

(2) 各功能如何带动上海及周边相关地区的经济发展？

(3) 通过上海外高桥报税园区的案例探讨物流园区的实质，可以从结构、功能、作用等方面进行分析。

三组讨论题：物流园区的规划和建设应注意的问题。

可以从以下几个方面进行讨论：

(1) 建设物流园区有哪些影响因素？建成后又对哪些方面产生积极或消极的影响？

(2) 物流效率、物流集中程度、周边经济、交通发展状况、市场运作等因素状况如何在建物流园区的筹建中得以体现？

（3）政府在建设物流园区及以后的园区运作中扮演什么样的角色？

（参考物流天下全国物流信息网）

提示

1. 保税物流园区内涵、作用与有关规定。查阅上海外高桥保税物流园区相关资料。

2. 分组讨论、记录、代表发言。

案例2：保税物流业务

（1）香港A公司在宝安、东莞均设有工厂，国外的原材料到香港码头后，转由福汉兴福保或盐田物流园保税仓库/堆场存放。待国内工厂需要用料时，通知福汉兴报关部直接报关进口或转关至东莞海关拆关。

（2）B厂家出口一批产品到美国后因包装/质量问题退港，国内厂家一时无法向海关申请到质量不符退运的批文，他们将货品由香港码头或盐田码头转入福汉兴福保或盐田物流园保税仓库/堆场，派工人到仓库改换包装或维修，完毕后装柜直接交给国外客户。

（3）C公司在国内有遍布各地的数十个原材料供应商，他选择了福汉兴福保或盐田物流园保税仓库作为东南亚地区的配送中心。每天由福汉兴车队将各地供应商的货物转关或直接出口交货至福汉兴保税仓库存放，而海外供应商的货品则直接转入。所有的货品在这里根据全球各地工厂的需要整理、重新包装后，装上集装箱交香港码头或深圳港上船送达全球各地。

（4）香港/台湾贸易商D公司有一批塑胶粒需卖给中山、东莞、广州、深圳等地的十几家工厂，货柜到达香港码头/盐田港后直接拖至福汉兴福保或盐田物流园保税仓库/堆场存放。深圳以外的工厂凭加工贸易合同手册在福田保税区办理进口转关手续提货，而深圳的工厂可凭进口集中报关清单直接报关进口，手续简单，运费低廉。

（5）内地公司或工厂需要进口一批机器设备，但货柜到港后因单证问题不能及时申报，滞港产生大量费用，委托福汉兴公司把货柜拖至福保或盐田物流园保税仓库/堆场，存柜堆放，节约了大量费用。

（6）东莞的Q公司和宝安的A公司都是加工型企业，Q公司生产的成品如电阻要卖给A公司作料件，以往办理这种跨关区的“转厂”，手续很烦琐。现在他们选择了福汉兴福保或盐田物流园保税仓库后一切都变得简单了：Q公司办理东莞至福保/物流园的出口转关交货至福汉兴保税仓库视同出境，完成海关监管手续，可以退税，再用A公司的进口报关单证办理货物的进口手续，货物的运输可由国内车辆完成。

(7) 内地物流公司有出口转内销的货物或需走深圳口岸出口或进口，但身在内地联系不便，委托福汉兴公司负责港前港后代理或深圳实际操作业务。

(8) 四川重庆湖南等内地企业产品或材料要销售给东莞深圳加工型企业，原来要出口到香港然后再通过香港拖车运给工厂，现在委托福汉兴公司通过铁路内河-海洋联运专线运到深圳，出口至盐田物流园，实行退税，然后由物流园进口清关或转关给深圳东莞加工企业。实现境外交易，境内交货，大大降低了生产企业物流成本。

思考讨论

1. 从地图上找出香港码头、盐田港码头、东南亚地区、中山、东莞、广州、深圳、深圳港、宝安等地。
2. (物流园) 保税区A型和B型有何不同？保税区有哪些物流功能？
3. 上述物流业务运作对企业有何意义？

(参考物流天下全国物流信息网)

提示

1. 查阅相关港口地图。
2. 保税区A与B的概念、区别。
3. 保税区作用、物流特点。

第十四章
国际物流

实例1：电子商务跨国物流

给你的“中国制造”产品找个国际仓库，这是不是一个很酷的想法？不要以为这是个烧钱的活，这是为电子商务卖家提供的跨国物流解决方案里的一个环节。如果操作得当，不仅能省下20%左右的运输费用，还能提升在国外的销售额。

国内的一家物流公司正在实践这样一种新商业模式。

这家注册地在香港的公司BFE International Limited（下称：出口易公司），创始人肖友泉曾是eBay.com上的卖家，和朋友创办了一套在国外租仓库、实现当地配送的销售模式。这种商业模式的实践，建立在网购用户对送货时间和物流费用的敏感度上。“如果你身处广州，购买同样的产品你会选择长沙还是当地的卖家？”肖友泉说，“无疑是广州，因为从价格和效率来说都是最经济的选择。”

这个逻辑也适用于eBay上的买家。如果要购买一款中国制造的MP3，但却是要从深圳发货，买家也许会有所顾虑。最糟糕的是，如果物流环节拖延太长，还有可能出现“卖家详尽评级（DSR）”较低的结果，从而影响销售额。

2008年，在eBay的建议下，肖友泉把这套跨国物流解决方案提供给了国内的卖家，把国外租用的仓库开放给国内客户，并从配送到仓储，提供全套服务，而国内卖家也能通过出口易的系统实时监控库存情况。

广州的一家电子公司负责人黄先生表示，之前通过EMS或香港物流公司发货，要10～15天才能到英国。“我们公司绝大部分的产品都在eBay上销售，国内生产手机的配件和笔记本电脑的配件在英国比较畅销。但由于送货时间过长和偶尔出现货物丢失的情况，使得网上店铺的信用有所降低。”这家公司在2009年3月和出口易公司合作后，当地配送时间缩短到1～2天，库存周转在两周左右。

“但是，不是所有的产品都适合运到国外的仓库。我们会严格审核产品的类型和数量，它们的库存周转率一般在7天左右。”肖友泉也提示风险，并表示会根据数据的分析统计来决定是否提供服务。毕竟就这种商业模式而言，只有在合理的仓储成本控制下，产品的销售才能达到最优。

根据这家公司的计算，货物一般要在 7～10 天内出库，才能达到效益最大化。肖友泉表示，从中国到英国的发货周期在 5 天左右。据了解，如果卖家的网上店铺显示的是当地发货，关注度也会发生改变。从出口易服务的案例来看，一款同样的充电器，显示在当地发货和在中国发货的 eBay 店铺，前者日浏览量是 177 次，而后者则是 60 次，实现的日销售额也分别为 3 447 元和 684 元。

不过，要实现在当地发货，租个仓库需多少钱？

根据出口易公司方面的统计，例如重量在 500 克左右的手机，如果通过 EMS 来发货，总运费在 110 元左右，航空小包裹的总运费在 68 元左右，如果是当地物流配送，成本包括国际的运输成本 + 仓储成本 + 当地运费，总费用是 54. 5 元人民币。根据仓储成本的计算，单件产品所要支付的金额少至 0. 05 元/天，多至 0. 2 元/天，所以，如果产品销售不力，自然会造成仓储成本的增加。

据了解，尼尔森公司曾于 2008 年 9 月对 eBay 美国买家做了一个数据调查，发现美国买家最喜欢购买中国卖家的商品。成交量最高的中国卖家，平均每天产生 150 万美金的销售额，年销售额高达 5. 48 亿美金，折合人民币 37 亿左右。

就出口易的分析，eBay 上的中国卖家，每天大约产生 12. 5 万件商品的成交。“金融危机其实是一种机会，有更多的人愿意购买 made-in-china 的产品，因为价格优势非常明显。”在肖友泉看来，这种为物流“省钱”的生意模式，可以先从 eBay 上逐步扩大业务，再与更多的电子商务平台合作，把国内的产品销往更多的国家。

eBay 披露的数据是，在中国已有上万名卖家通过在 eBay 上开网店，将自己的产品销售往美国、加拿大、欧洲及澳大利亚等 38 个国家和地区，每天都有超过百万计的中国产品在销售。这些无疑是出口易的潜在客户。

如今，出口易目前已达到日均 1 400 单的业务量。对于这种模式的可复制性，肖友泉认为门槛并不低。因为较早的起步已让公司拿到 eBay 独家推荐的资格，“要把各个环节都理顺吃透，是一个时间积累的过程，并不容易”。

而在为中国卖家提供仓储物流服务后，肖友泉还在思考这种模式拓展的外延。“可能三年后我们会返回国内市场吧，那时物流通道应该完全顺畅了，我们也可以借助这个平台，把国外优势产品引进来。”肖友泉觉得这些应该是水到渠成的事情，但现在他们最紧迫的目标，是要在更多国家的中心城市租用仓库，把出口易的业务辐射的更广。

思考讨论

1. 出口贸易的销售模式为什么会为客户省钱？
2. 发展网上购物的制约因素有哪些？从物流的角度看，买家顾虑什么？
3. 若是你，你打算如何在国内开展这种销售模式？

（参考供应链世界网站）

提示

1. 个人网上购物的体验分析。
2. 网上购销物品的优势与存在的主要问题。
3. 原因分析，物流管理对策。

实例2：走向国际的“物流经营人”——中远

在美国的高速公路上开车，总能看到拉着印有COSCO（中国远洋运输公司，下简称中远）字样集装箱的拖卡呼啸而过；到美国的一些港口采访，印有COSCO字样的集装箱更是举目可见。

自1982年创立以来，中远美洲的营业收入已经翻了几番，资产规模也从公司注册之初的21万美元增加到目前的2亿美元的总资产。目前，中远美洲在美洲地区共有78个下属公司及办事处，分布于美国、加拿大、巴西、阿根廷、智利、秘鲁、乌拉圭、巴拿马等国，共有中外员工732人，其中中远外派员工58人，仅占员工总数的8%。

如今在美国，中远集团在美洲的跨国经营不仅取得了良好的经济效益，而且已经成为一个令人瞩目、受人尊敬的标志。

早在1998年，中远就“量体裁衣”，先是提出“从拥有到控制”的经营理念，接着又确立了21世纪发展战略，即“从全球航运承运人向以航运为依托的全球物流经营人转变，从跨国经营向世界级跨国公司转变”。

中远制订了一整套切实可行的海外拓展计划，同时也把内部结构调整与向外扩展结合起来。

1. 网络一条龙服务

在起步之初，中远美洲将业务定位在注重信息化服务的基点上，用一张由公路、铁路、远洋货轮构成的巨大网络将全世界的发货人和收货人连接起来，实行网络一条龙服务。中远不只是把货物安全、准时地运到美国或是别的什么国家，而是不仅要管运输，更要管物流。中远不仅有自己的船队，也有自己的码头，有自己的仓储，要建立一个完整的物流体系，中远就是要千方百计地挤进去，在美国扎根、开花、结果。

2. 巧避暗流

20世纪末，因中美关系遭遇暗流，中远被无端卷入政治漩涡。形象问题一度困扰着中远。但是，中远没有退却。中远集团的高层利用访问美国的机会，在华盛顿，中远集团总裁魏家福三番五次地去找美国议员面谈，并在美国商会发表演讲。他还主动与美国记者接触，多次接受采访。中远还聘请了美国公关公司和媒体专家，专门做美国上层和媒体的工作。2003 年 12 月 8 日，就在温家宝总理访美之际，中美签署了新的海运协定，取消了多年来强加于中国航运企业的不公正的“受控承运人”的限制，从而更有利于中远提高在美国航线上的竞争力。多年来，中远美国公司与美国社会各界也建立了广泛良好的合作关系。中远开始融入美国经济，成为影响当地经济的重要力量。

3. 加强营销

在过去几年中，中远美洲在加强营销工作过程中采取了以下几大整改措施。

一是大力进行企业内部的机构改革，加强了营销队伍的建设和营销日常工作的管理。中远美洲管理层视集装箱运输为工作的重中之重。为开拓集装箱业务新局面，中远美洲进行机构改革和业务重组，将原有的市场运价和市场营销两大部门进行整合，共同组成贸易部，直接负责市场营销和价格管理。贸易部市场反映信息快，直接为企业领导层提供了重要的决策依据。

二是加强了营销人员培训，实行激励与约束机制相统一。由于工作性质的需要，中远美洲的外籍员工大都是美国社区大学毕业的，为了鼓励员工提高自己的教育水平，中远美洲目前实施一种为继续接受业务教育或业务培训的员工报销学费的政策。如果员工的学习成绩达到 A，公司将全部报销其学费；成绩达到 B，则报销 70%；成绩不及格，则不予报销。

自 2002 年以来，中远美洲开始推行全新的营销人员考核制度，对营销人员的个人收入与业绩（包括揽货箱量、运费收入、客户开发和维护）进行量化考评，鼓励先进，鞭策后进。目前，中远美洲已经实行了销售业绩末尾淘汰制，有效地促进了揽货量的提高。

三是加大 FOB 营销力度，鼓励员工多揽货源。对中远美洲来说，揽取 FOB 货源是营销工作中非常重要的部分。为加强揽货力量，中远美洲一方面大幅度增加销售人员的数量，以充实一线力量；另一方面也与中远集运总部联袂，合作并签约工作，使得近几年的 FOB 签约箱量都出现了较大幅度的增长。

四是加强经营管理，注意开源节流。多年来，中远美洲落实中远集团航运产业“由成本高地区向成本低地区转移”的政策，最大限度地降低营运成本。

目前，中远美洲的运输单证、财务等业务已经由过去在美国做转到在中国国内做，从而节省了大量成本。此外，中远美洲还加强和细化了设备管理、内陆运输、预配调度、现场管理、合同管理的工作力度，严格控制生产运转环节的成本，保证工作效率和工作质量，大大减低了预算内营运成本支出。

对一个企业来说，改革与重组并不是一件容易的事。然而，中远美洲管理层及时耐心地做员工工作，特别注意争取到外方管理人员和员工的理解和支持。通过这一系列改革与重组，中远美洲在过去几年中虽然遇到一系列不利事件的冲击和影响，但是仍然较好地抓住了货源和赢得了客户，生产经营成本也得到有效的控制。

4. 服务制胜

随着国际海运市场竞争日趋激烈，各大航运公司都在以提高服务质量为手段来赢得更多的客户。在“硬件”设备设施相差无几的情况下，胜负关键取决于“软件”，即高标准的管理和日臻完善的服务。

中远美洲作为中远集团和中远集运选定的试点区域公司，在推进 IRIS－2（全球集装箱运输信息集成系统）系统工程方面取得了重大进展。

IRIS－2 系统在中远美洲的成功引进、开发和运用，实现了内外部信息的动态管理，彻底改变了传统的信息分散收集、分散处理和分散使用的封闭营运方式，从而实现了全球集装箱经营管理的一次革命性变革。

到目前为止，中远美洲在北美全部 15 条航线的出口操作，包括订舱、单证等重要业务环节已完全转到 IRIS－2 平台，操作均在 IRIS－2 系统中运行。

每一个客户都能够在网上看到集装箱航线、航班、运价等需要的信息。此外，客户也可以通过网络跟踪船的轨迹。随着 IRIS－2 系统的建成使用，中远美洲现在已经将票证单据、财务统计等业务由高成本的美国转移到低成本的中国，从而为公司节省了大量资金，服务质量也得到了很明显的提高。

5. 定位“物流经营人”

如今，物流产业已发展成为中远美洲的主业部分。

集装箱运输业务是中远集团在美国的核心业务，在过去几年中，中远在美国集装箱运输市场上的份额连续保持在第 5 位。在像中远美洲这样的海外分公司的支持配合下，中远集团正在由传统的远洋运输企业向现代综合物流企业转变，已经能够为全球客户提供准时、优质、高效的全球航运和物流服务。

思考讨论

1. 试总结中远物流走向国际的经验。
2. 中远是如何把内部结构调整与向外扩展结合起来的？

（参考物流天下全国物流信息网）

提示

1. 中远物流的发展战略。
2. 中远转变为“物流经营人”的基础条件与举措表述。

案例1：根除采购“毒瘤”

时隔一年，备受关注的“家乐福商业贿赂窝案”终于尘埃落定。6月30日，北京朝阳法院以非国家工作人员贿赂罪，判处7名家乐福门店精肉课原课长1～2年有期徒刑；判处肉科原谈判员刘勇有期徒刑5年，并依法没收他们的全部受贿款项总计30余万元。这一纸判决，再次引发了业界对零售业采购腐败问题的广泛关注和思考——“潜规则”充斥卖场。

这宗“家乐福商业贿赂窝案”最早要追溯到一年前。2007年1月，家乐福中国区总裁罗国伟上任后，认识到门店权力过大所滋生的采购腐败问题，便着手开始回收门店权力，并开通24小时投诉热线接受供应商的举报。从2007年6月25日～8月1日，家乐福对北京CCU（城市采购中心）及7家门店进行调查，最后包括12名供应商在内的22名人员被北京警方传唤。其中8名家乐福经理级员工被正式拘留。刘勇等8人就是被供应商投诉到热线后，家乐福总部展开调查后案发的。

2008年6月30日，北京朝阳法院审理查明，家乐福马连道店精肉课原课长刘连杰和其他6家门店的精肉课原课长，利用他们在卖场肉的摆放位置和数量上有决定权的便利，于2006年6月—2007年7月，多次收受供货商的“好处费”。其行为侵犯了公司正常管理活动和社会主义市场经济公平竞争的交易秩序，触犯了刑法，构成非国家工作人员受贿罪。

据了解，按照正规操作，各大卖场一般会对每个商品的销量进行统计，按照销售业绩决定某一商品的摆放位置。对于新品而言，则会参照同一品牌的其他商品销量，或者同类产品的销售状况来决定最初的上架位置。由于场内的货架都是有限的，好的位置更是有限的，为了商品能够顺利入库、上架销售并占有不错的位置，供应商就要“打点”诸如课长、组长等握有这些权力的人员，以实现位置和销量的变通。当遇有店面改造、节假日促销时，又要重新面临商品被调换位置，这时，供货商需要再次进行“打点”。

此外，供应商不仅要给零售商留下5～10个点的批零差价空间，还要向总店交纳产品推广费、服务费以及堆头费等各项费用，商品进入门店后还要打点各级负责人。而这些均已成为各大零售卖场的“潜规则”。

思考讨论

1. “家乐福商业贿赂窝案”为什么会发生？有哪些危害？
2. 如何根除商业贿赂“毒瘤”，确立良好的采、供关系？

（参考中国物流与采购网站）

提示

1. 采购监督与质量保证。采购腐败的危害和主要原因分析。
2. 根除采购“毒瘤”的具体措施。

案例 2：丰田怎样做国际物流

2002 年盛夏，墨西哥城街头，仿佛一夜之间，丰田汽车的广告语——“你感觉得到”充斥着人们的眼睛。但对丰田来说，进入墨西哥市场并非瞬间的闪念，历时 3 年后，第一辆丰田车经过海运从美国的巴尔摩港运至墨西哥韦拉克鲁斯，同时，第一批汽车配件也通过空运从美国安大略和辛辛那提起运。丰田美国汽车销售公司的物流计划经理 Minyon 表示，目前一切运输都非常顺畅。

尽管经过如此周密的准备，丰田并不准备把这一物流计划在墨西哥持续运用下去。两三年内，一旦丰田汽车在墨西哥的销量达到一定水平，丰田将会在墨西哥单独建一个零部件分拨中心，当然这其中决定性因素在于：在墨西哥储存零部件要比从美国空运过去的成本更低。相对于零部件来说，从美国和加拿大运输整车至墨西哥的战略将很快发生变化。随着更多的经销商在墨西哥站稳脚跟，以及丰田汽车在墨西哥销售的车型日趋多样化，这些汽车将会通过铁路从美国和加拿大运出，而不再使用海运。

从概念上看，墨西哥市场应是美国市场的一个延伸。丰田在墨西哥没有生产厂，佳美和 Corollas 分别从美国和加拿大的生产地直接运到墨西哥的经销商手中。汽车配件则通过空运从美国的丰田零部件配送中心运出。但由于文化背景的原因，在墨西哥做生意实际比在北美其他地区要困难一些。由于墨西哥使用的是西班牙语，因此所有的文件都得使用西班牙文，而不像原来使用英语，而且交易需用墨西哥比索，不再是美元，墨西哥海关的要求又与美国和加拿大海关大相径庭。

作为世界第三大汽车生产商，开拓新市场对丰田来说并非新鲜事，Minyon 表示，丰田奉行逐步发展的原则。例如，丰田从 1957 年就开始在美国市场销售汽车，但配件的运输一直控制在东京总部，从那里通过空运运给美国的经销商，这种情况一直持续到 1996 年，丰田才在美国建立了北美第一个零部件配送中心。在加拿大和波多黎各，丰田的步骤也大致如此。

为了设计在墨西哥的物流计划，丰田多方咨询。以丰田自己的物流人员为核心，并建立了内部的评测程序。此外，丰田还与咨询公司合作，请了一个墨西哥律师，并与墨西哥的运输公司结成伙伴关系。丰田还将自己的计划与已在墨西哥立足的一些企业的物流程序进行对照。

零部件物流和整车物流完全不同。整车运输要求要有稳定的销量，先用卡车从美国的生产厂运到巴尔的摩港，再通过日邮的滚装船运到墨西哥。海上运输大概需要七八天的时间，这足以让墨西哥的经销商和运输公司做好充分准备。丰田将在墨西哥与更多的经销商合作，一旦汽车销量达到一定水平，将采用铁路运输，时间将会缩短，运输班次更为频繁，从而使整车产品受损的机会减少。而且，在美墨边境来回运输的一些企业也已做了大量的工作，理顺报关程序。

配件和零部件的运输更强调时间性，因此在丰田在墨西哥建立其零部件分拨中心之前，主要采取空运。目前，丰田已经与美国的 Expeditors 物流公司签订合同，由该公司把零部件从美国空运到墨西哥城，然后，丰田在墨西哥的一家合资企业负责将其运送到各个经销商手中。最终，随着销售量的上升，丰田将在墨西哥建立零部件分拨中心。

Minyon 称，主要决定因素在于，丰田感到有必要降低运输成本、减少运输时间。

进入墨西哥市场之前，丰田还研究了海关有关运输零部件、整车到另一国家的要求。此外，墨西哥在有关产品标签、安全和环境问题上还有一大堆要求，丰田在进入墨西哥之前都进行了仔细研究。

丰田的物流部门对物流运作继续监测，一旦实现预定的目标，就会设立新的目标，同时，物流人员正在对丰田何时设立零部件分拨中心和整车生产厂进行考察，以期推出另一套全新的物流计划。

思考讨论

1. 丰田做国际物流的经验是什么？有何不足之处？
2. 丰田经验对我国企业有什么借鉴意义？

（参考物流天下全国物流信息网）

提示

1. 国际物流概念与特点。总结丰田国际物流的措施。
2. 结合我国企业物流，提出建议。

案例3：伊藤洋华堂欲包还休

提及与伊藤洋华堂的合作，白松刚摇着头说：“这确实是个烫手的山芋。”

在这位太平洋物流公司总经理的眼中，真正的合作还有待时日，至于现在，他觉得自己对伊藤洋华堂有点儿像暗恋的感觉，有美好，也有无奈的心痛。

一、你下订单我送货

1994 年 9 月，伊藤忠和中国丝绸进出口有限公司成立了北京太平洋物流有限公司，该公司位于北京机场附近，当时主要从事保税和一般仓库及卡车运输业务。

3 年之后，伊藤洋华堂由早先进入中国的日本大商社伊藤忠引进中国。合资公司由原内贸部下属企业中国糖业酒类集团公司、日本伊藤洋华堂株式会社、伊藤忠商事及其中国公司共同出资。尽管伊藤忠方面在合资公司所占股份的比例最小，只有 10%，但凭借资本上的合作，伊藤忠还是如愿进入了自己所擅长的物流领域，特别是食品物流。

一个例子是，伊藤洋华堂合资之后，成立了伊藤洋华堂中国食品有限公司，专门为前者做食品供应，太平洋物流顺理成章地接下了这家食品公司的配送业务。

伊藤洋华堂在日本拥有多种零售业态，进入中国的主要有三种：华堂（GMS，百货 + 超市）、York Benimaru（食品超市）、7 - 11（便利店）。太平洋物流为伊藤洋华堂提供的物流服务，主要是第一种，比如为北京北四环路的华堂商场提供商品配送服务。

伊藤洋华堂的外包比较彻底：制造商和批发商把卖给伊藤洋华堂的产品，统一运往太平洋物流在京郊设立的仓储中心，再由太平洋物流统一配送到伊藤洋华堂的各个店铺中。中间发生的物流费用，都是由太平洋物流跟制造企业或批发企业直接结算。其实就是伊藤洋华堂下订单，太平洋物流送货。

合作不仅对于太平洋物流是个机会，对于伊藤洋华堂来说，也是既定战略之一。据介绍，直到今天，伊藤洋华堂都没有自营的物流中心，除了供应商直送之外，还有就是外包给了像太平洋物流这样的第三方。

二、还剩下多少外包“蛋糕”

在双方 7 年合作期间，伊藤洋华堂与太平洋物流在业务上各有所获。但起初看起来美满的合作，随着一些“天生不足”因素的累积，逐渐成为白松刚所说的“烫手的山芋”。

（1）与太平洋物流的另外两家零售业客户联华快客便利、家乐福迪亚折扣店相比，伊藤洋华堂看起来是个大客户，但实际上它在太平洋物流目前的业务中占不到 30%。其中一个重要的原因，就是供应商直送占了货品总量的 90%，供太平洋物流进一步开发的“蛋糕”不大。

（2）物流外包的前提是商品有条件进行集中配送。事实上，伊藤洋华堂在日本的“共同配送”规模很大，正是由于通过将其供应商的库存加以集中，组织其进行物流的仓储配送，伊藤洋华堂的单店效益才能多年排列在全球的第一位。然而，销售模式决定了在中国并不具备实现共同配送的前提。在日本，伊藤洋华堂有 80% 的商品都是经销，只有 20% 是代销，但在中国却正好反过来，80% 是代销，20% 才是经销，要求伊藤洋华堂或者太平洋物流拿出一套整合供应商库存的方案显然有困难。

（3）由于规模不同而产生的物流需求特性，也让太平洋物流感到难于扩大与伊藤洋华堂的合作。“便利店的货品批量小、批次多，对于物流配送的需求明显。而华堂是大卖场，单店规模比较大，货物品项能达到 18 000 多种，货量也非常大，因此还是主要依靠厂家直接送货。”

三、4 个温度区和退货

与太平洋物流一样，站在伊藤洋华堂的角度，在外包方面也有不少难解的问题。

（1）比如，食品配送对第三方物流有很高的要求，但目前在中国能为零售企业提供这种贴身服务的企业却少之又少。例如冷链物流，不管是乳制品还是肉制品，几乎都有温度的要求。这些商品中按照配送的不同要求分为 4 个温度区：冰块、冰激凌、冷冻食品等放在零下 20℃ 的冷冻区；牛奶、乳制品、生菜放在零下 5℃ 的微冷区；休闲食品、杂货等放在恒温区；而盒饭类、烧烤类商品则放在 20℃ 的温暖区。一般物流企业都有能力做恒温型商品配送，此类商品运作难度较小，有利于迅速建立共同配送体系，实际上，太平洋物流为伊藤洋华堂提供的食品物流也就仅此而已。而冷冻型、微冷型商品运作要求高，又涉及商业秘密，共同配送难度较大，很多物流公司可能不具备这样的能力。

（2）零售业物流的复杂性也让许多物流公司望而却步。一位物流企业负责人告诉记者：“由于食品的安全问题通常牵扯着大卖场的生命线，所以对于食品的要求非常严格，通常会拆包检查，超过 1/3 保质期时间的商品一律拒收，这样，物流中心需要确认退货，然后进行分拣，有些退货包装已经残损，需要二次包装，退回入库需要有专门的残损区，这些操作使退货成本直线上升，回收成本是配送成本的 2 倍以上！所以，很多物流公司都不愿给超市送货。”

此外，在食品从原料种植到采购、生产、流通加工再到配送的整条供应链上，稍有差错就会影响食品安全。“很多情况下，物流企业并不知道到底是哪个环节出了差错，说不准还要被牵扯到打不清的官司中去。”

思考讨论

1. 为什么伊藤洋华堂欲包还休？

2. 你认为合作双方还能合作下去吗？
3. 你对双方各有何建议？

（参考物流天下全国物流信息网）

提示

1. 企业物流自营或外包的前提条件分析。
2. 伊藤洋华堂经营特点在日本国内与在我国的区别。

案例4：生日危机

2006年1月29日，是我国农历的春节，也是新加坡华人陈德维进入不惑之年的日子。这一天，陈德维接到了德和乐总公司任命他为亚洲地区物流经理的通知。

陈德维所在的德和乐公司是一家德国化工产品制造跨国公司。从20世纪90年代中期开始，德和乐公司在亚洲地区的扩展不断加速。为更好地获得地区发展并应对预期营业额和本地生产量的增长，2000年，德和乐公司在新加坡成立了亚洲地区总部。此前，德和乐公司在德国总部仅有一个办公室负责亚洲地区业务。通过企业兼并，公司在亚洲的业务稳定增长，在东南亚大多数国家已建立了全资、合资子公司或合资企业，并建成了若干生产基地。虽然公司深知改善物流流程可以给公司的运作带来极大的好处，然而，由于公司总部物流管理部门人才缺乏，除了在一些分公司进行了库存控制外，在物流方面一直没有大的举措。2002年末，公司总部决定设立地区物流经理职位，负责制订地区物流发展战略。然而，三年来居然五易经理。想到这里，成为第六任经理的陈德维已经没有心情来庆祝春节和生日了。

一、日益重要的亚洲地区

德和乐公司只经营化工及相关业务。从20世纪60年代中期开始，德和乐公司就开始拓展国际业务，不断在全球各地建立生产设施，以保持公司尽可能接近客户的传统。目前，德和乐在亚洲设有30家公司，其中12家公司拥有生产设施，覆盖了西至巴基斯坦、北至韩国、东至印度尼西亚的广阔地区。另外，在日本设有单独的地区分部。在亚洲的子公司中，有些是根据当地的利益及法规要求而设立的合资公司。东亚地区的销售量占销售总额的16%、南亚占11%、澳大利亚及新西兰占10%、东盟占26%。其中1/3是在本地制造的，其余都是在德国总部生产，为支撑在亚洲地区的强劲销售需要，物流的重要作用日益突出。

二、千差万别的物流运作

德和乐的每个子公司都是独立的法人实体，独立经营德和乐部分产品或所有产品，也有一些子公司只负责经营一种或一类产品。但是，负责信息系统或运输辅助服务的部门则不是独立的法人公司。虽然子公司的整体效益是由地区负责的，但每个产品的营运部需要向其上级公司的营运部门负责。因此，子公司的总库存水平是由地区部门确定，而每种产品的库存水平则是由营运部门确定。

由于每个子公司形成和发展的过程各不相同，因而整个地区的物流运作非常分散。虽然德和乐也曾经尝试对物流运作进行标准化，但因各个子公司在生产、销售及当地文化的差异，最终未果。虽然采购、仓储以及运输已经被普遍认同是属于物流管理的范围，但通常由营销、生产或财务部门控制的其他业务，如客户服务、库存管理、产品标识以及生产计划安排则通常被认为与物流没有直接关系，有的即使已经被认为是物流管理的业务，但通常也是在其他部门的严格控制之下。

大多数子公司建立了为自身服务的基于财务和交易管理的信息系统。这些系统有些是自行开发的，有些是受委托开发的，不仅采用的标准结构不同，而且在物流管理的功能方面也各不相同。但有一点是相同的，即所有信息系统几乎都不具备决策支持功能，如库存计划或建模、配送计划、生产计划以及预测等。

从事物流工作的员工多数都不是专业物流人员，他们大多是从其他部门如营销或生产部门转行到物流部门的，通常具有与化工相关的工作背景，但在物流方面的技能却明显不足。

大部分物流员工只经过简单的岗位培训，在亚洲除日本、中国外的多数国家几乎没有正规的物流专业教育，总公司也很少外派物流专家。

除了仓储管理，几乎没有本地的物流管理规划。对生产流程、系统以及程序的改进全凭经验，员工接受的培训只是对其他部门的需要作出的被动反应，而不是如何更好地管理物流运作的建议和意见。在与物流密切相关的业务中，生产部门仍然拥有主导权利，如运输业务，物流人员只是负责运力安排、支付运费以及寻找丢失的货物等简单的职能，而承运人的选择与谈判等职责仍由生产部门负责。虽然物流部门可以提出一些建议，但生产部门仍会把他们自己的目标作为首要考虑的因素。

由于上述种种原因，导致公司对某项服务的重点要求往往是价格最低，整个组织结构是为了适应某项生产的需要，而对客户服务重视不够，物流只是满足生产需要的基础设施。此外，由于对物流流程的战略重要性认识不足，在物流管理中经常出现相互矛盾的情形。

三、危机所在

2002年以前，总公司几乎没有在亚洲地区物流运作方面采取统一协调的行动，子公司各自为战给整个地区带来了一些问题。例如，某种产品在一个国家有大量的库存，而在另一个国家却需要等三个月从德国供货。同样，各公司分别采购原材料也会产生类似的问题。计算机系统不统一，地区性数据的汇总无法实现；在某个国家取得的成功经验也不能移植到其他国家。在整个亚洲地区，物流在战略上还只是降低成本的一项措施，物流服务创造价值的能力还没有被认同，每个公司对物流业务的表现都有不同的评估标准，对物流成本的计算也大不相同。尽管在物流结构、流程和原则方面未能标准化，每个公司仍认为其物流能力不足。地区总部迁至新加坡后，对改善公司业务要求有了更明确的认识。为改善公司的物流业务，陈德维授命对改善亚洲地区的物流服务提出长期性的战略意见。其所面临的问题，一是在近期不能增加人员；二是许多子公司没有认识到改进物流服务的重要性，从而存在一定的阻力；三是许多子公司没有一个直接负责物流的部门。

在对公司进行了一番考察后，现存物流系统的缺点被确定。除了不能按承诺的时间送货外，还有其他问题，如东西方文化的差异、民族文化及风俗习惯的差异等，也为解决问题带来了困难。此外，在很多国家存在的基础设施不足，对实现物流管理的现代化也是极大的障碍。

思考讨论

1. 德和乐公司“生日危机”表现在哪里？为什么会出现？
2. 化解“生日危机”的物流管理的主要措施有哪些？

（参考中国物流与采购，2006（10））

提示

1. 德和乐公司目前的物流管理特点及出现的主要问题。
2. 危机的概念与处理原则。问题主要原因分析。
3. 解决问题思路建议。

第十五章 供应链管理

实例1：德尔费公司供应链上的物流和信息流

总部设在美国阿拉斯加的德尔费公司，生产深海鱼油和各种保健品。虽然它在产品设计和开发方面始终保持优势，但德尔费公司却由于其复杂、昂贵和无效率的物流系统，而面临着利润下降。德尔费公司发现，过多的承运人和过多的系统正在造成全面失去管理控制的局面。为了重新获得控制，德尔费公司不得不重新组织其物流作业。商业物流公司的任务，是要重新构造、改善和管理在德尔费公司供应链上的货物和信息流动的第一个方面。

在重新组织之前，公司有6个大型仓库、8家最重要的承运人和12个不联系的管理系统，在发展过程中暴露了一系列问题，这就是从顾客订货到向顾客交货之间存在漫长的时间、巨大的存货以及太多的缺货。如果一位顾客向德国一家仓库寻求一种销售很快的商品，他会被告知该商品已经脱销，新的供应品要几个月才会运到。按平均计算，所有生产线中有16%的产品在零售店脱销。

德尔费公司认识到，它需要重新分析其现有设施的地点、位置。其建议是，除一家外，关闭所有在美国的仓库，它们将从仅为当地顾客服务转变为向全球顾客服务。单一的地点位于靠近美国的制造工厂现场，成为一个世界性的“处理中心”，充当着德尔费公司产品的物流交换所。虽然这种单一的中心有可能要花费较高的运输成本，但这种代价将会由增加的效率来补偿。在过去，意想不到的需求问题导致更高的存货，以弥补不确定性和维持顾客服务。

公司知道，单一的服务地点与若干小型的服务地点相比会有更多可以预料的流动，现在随机的需求会在整个市场领域内普遍分享，使得某个领域的需求水平提高，另一个领域的需求水平降低。

运输成本通过提高存货的周转率得到弥补。事实上，德尔费公司发现，由于减少了交叉运输总量，单一中心系统实际降低了运输成本。从美国仓库立即装运到零售店，虽然从订货到送达的前置时间大致相同，但是产品只需一次装运，而不是在许多不同的地点进行装运。

德尔费公司得到的认识已超出了仅仅降低成本的范围。它瞄准机会增加服务和灵活性，计划在24～48小时向世界上位于任何地点的商店进行再供货。先进的系统和通信将被用于监督和控制世界范围的存货德尔费公司计划开展一项邮购业务，其特色是在48小时内，将货物递送到世界上任何地点的最终顾客的家门口。它当前的1 000万美元的邮购业务已经变得越来越强大，但是，该公司必须限制其发展，因为它难以跟得上不断扩大的订货。新的优势是，网络将会使这种发展成为可能并有利可图。

思考讨论

1. 德尔费公司为什么要重新组织其物流作业？
2. 德尔费公司的供应链是怎样重组的？

（参考《现代物流管理案例集》，蒋长兵编著，中国物资出版社，2005.1）

提示

1. 供应链物流特点。德尔费公司物流运作中存在的主要问题。
2. 问题原因分析；可能的供应链物流管理对策。

实例2：浙江吉利控股集团的供应链管理体系

1997年，吉利集团进入轿车领域以来取得了快速的发展，连续6年进入全国企业500强，连续4年进入中国汽车行业十强企业。面对国内轿车市场激烈的竞争和小排量车市场急剧下滑的严峻形势，吉利集团整合采购体系，加大成本控制；建立供应链体系，实现“拉动式”生产，构筑新的竞争优势，企业经营呈现良好的发展态势。

一、企业供应链管理平台的基本情况

中国汽车产业竞争已经从简单的产品价格和技术的竞争，发展到以整车为核心的零部件供应链体系的竞争。

（1）采购供应链管理系统平台是由吉利集团自筹资金开发而成的采购供应链管理系统，主要功能包括供应商档案管理、采购计划和订单协同、看板管理、供应商开发和评估、采购配额管理、结算管理等业务内容。该平台由吉利集团开发和运营，供应商每年交纳10 000元使用费，使用该系统的相关功能。目前，该平台上活跃的用户数在300户以上，主要是吉利的供应商和采购员，据不完全统

计，通过该系统发生的年采购在20亿左右。

（2）建立供应链体系、实现拉动式生产，是吉利金刚ERP的稳步发展的结果。金刚公司已经通过看板管理等模式建立供应链体系、实现拉动式生产。通过技术手段将看板电子化，并通过网络技术将数据传送至供应商，解决了供应链信息传达的“瓶颈”。高度集成SAP和SCM系统，将SAP中的物料需求计划、库存信息通过SCM系统与供应商共享，便于供应商安排计划、减少浪费。

二、经济效益和社会效益

吉利集团应用采购供应链管理系统平台产生的经济效益，主要体现在采购成本的降低上。通过应用该系统，每年为集团节省采购成本在650万以上。通过使用该系统，大大提高了供应商的电子商务和信息化管理水平，有力推动了行业内供应链管理的信息化水平。

通过采购供应链管理系统平台和相关信息系统的结合，在供应链上比较好地实现了精益生产和准时化供货，对于车身、发动机、变速器等自制关键总成，实现了“一个流”的生产，从而最大限度地控制了在制品库存；对于前、后保险杠等汽车专用件，实现了供应商按班次供货；对于仪表台等关键总成，实现了供应商日供货，从而大大降低了供应链上的零部件库存，提高了供应链应对需求变化的弹性。

三、存在的主要问题和困难

（1）很多供应商的信息化水平比较低，给系统的应用推广带来了一定的困难。

（2）中小型供应商每年在信息化上的投入有限，需要引导和扶持。

（3）在EDI数据交付方，缺乏行业内完善的数据交换标准，给系统集成带来了困难。

思考讨论

1. 吉利控股集团的供应链管理有何特点？
2. 你对吉利控股集团供应链管理中的问题与困难有何建议？

（参考 http：//news.wuliu800.com/2009/0518/15891.html）

提示

1. 供应链管理概念、特点。供应商选择。
2. 吉利集团存在的主要问题和困难与产生的原因剖析。
3. 主观努力的对策建议。

案例1：惠普台式打印机供应链的构建

一、惠普公司及台式打印机概况

惠普公司成立于1939年。惠普台式机于1988年开始进入市场，并成为惠普公司的主要成功产品之一。但随着台式机销售量的稳步上升（1990年达到600 000台，销售额达4亿美元），库存的增长也紧随其后。在实施供应链管理之后，这种情况得到改善。

DeskJet打印机是惠普的主要产品之一。该公司有5个位于不同地点的分支机构负责该种打印机的生产、装配和运输。从原材料到最终产品，生产周期为6个月。在以往的生产和管理方式下，各成品厂装配好通用打印机之后直接进行客户化包装，为了保证顾客订单98%的即时满足率，各成品配送中心需要保证大量的安全库存（一般要7周的库存量）。产品将分别销往美国、欧洲和亚洲。

二、存在的问题

惠普打印机的生产、研究开发节点分布在16个国家，销售服务部门节点分布在110个国家，而其总产品超过22 000类。欧洲和亚洲地区对于台式打印机电源供应（电压110伏和220伏的区别，以及插件的不同）、语言（操作手册）等有不同的要求。以前这些都由温哥华的公司完成，北美、欧洲和亚太地区是它的三个分销中心。这样一种生产组织策略，我们称之为工厂本地化（Factory Localization）。惠普的分销商都希望尽可能降低库存，同时尽可能快地满足客户的需求。这样导致惠普公司感到保证供货及时性的压力很大，从而不得不采用备货生产（Make-To-Stock）的模式以保证对分销商供货准时的高可靠性，因而分销中心成为有大量安全库存的库存点。制造中心是一种拉动式的，计划的生成是为了通过JIT模式满足分销中心的目标安全库存，同时它本身也必须拥有一定的零部件、原材料安全库存。

零部件原材料的交货质量（到货时间推迟、错误到货等问题是否存在）、内部业务流程、需求等的不确定性是影响供应链运作的主要因素。这些因素导致不能及时补充分销中心的库存，需求的不确定性导致库存堆积或者分销中心的重复订货。

需要用大约一个月的时间将产品海运到欧洲和亚太分销中心，这么长的提前期导致分销中心没有足够的时间去对快速变化的市场需求作出反应，而且欧洲和亚太地区就只能以大量的安全库存来保证对用户需求的满足。

三、任务

减少库存和同时提供高质量的服务成为温哥华惠普公司管理的重点，并着重于供应商管理以降低供应的不确定性，减少机器闲置时间。

企业管理者希望在不影响顾客服务水平的前提下改善这一状况。

思考讨论

1. 为了保证顾客订单98%的即时满足虑，在改建供应链之前，惠普做了哪些工作？
2. 请按照案例中“任务”的要求，设计一个系统解决方案。

（参考《现代物流管理案例集》，蒋长兵编著，中国物资出版社，2005.1）

提示

1. 惠普打印机存在的问题归纳。
2. 问题主要原因分析。
3. 解决思路（当地建厂、空运、科学预测、生产延迟）比较、选择。

案例2：超越传统供应链

在当今快速变化的市场环境和多级网络的供应体系中，如何做到准确预测，与供应商信息共享，快速反应，快速协同，“以克服市场不确定性”所带来的风险，及时、快速地调整采购作业，响应消费者的需求？

竞争的加剧，市场、生产、采购等种种不确定因素的增多，仅凭内部管理或技术的提升无法全面满足客户的要求，企业下一步该怎么办？

李良没有想到，在供应链管理班刚学到的相关知识，就出现在自己管理的视觉公司中。

一、视觉的困惑

视觉公司是液晶屏幕制造商。目前，有十几座工厂分布在马来西亚和广东东莞。视觉有一套传统的ERP系统，可以收集和计划公司内部信息。视觉从市场端获得需求计划，制订生产排程，生成采购计划，然后将计划发至供应商，供应商再回复确认，整个计划周期需要4天的时间，也就是说，如果一旦情况发生变化，视觉要经过4天才能做出反应，制订出新的生产和采购计划。在企业实际运作中，视觉公司还要和供应商反复确认、修改计划，以保证计划的可行性。对于电子产业来说，在4天的时间里，市场环境的变化往往很大，视觉公司为了避免生产线缺料，只能囤积大量库存。

李良知道，视觉公司需要寻找帮助企业准确获得市场预测信息的方法，但是对于市场需求快速变动的电子制造行业来说，这是一件很困难的事情。即使找到了准确的市场预测信息，如果计划和采购跟不上，企业在执行力方面配合不够，也于事无补。视觉公司只有在快速协同的基础上，才能在第一时间将最新的物料需求、生产排程交给供应商，供应商才能够及时准确地安排生产、备料、送货等事宜。

李良在与SRM产品经理兼资深顾问庞冰讨论这些问题时，他们发现，视觉公司的最大问题是计划周期过长，一般需要4～5天。但是视觉的计划往往2天就要变一次，这就带来了诸多问题。比如计划的可执行性无法知道。因为前一次的相关资料还没回来，计划就又发生了变动；另外，由于计划的可控性差，为了避免生产短料，视觉公司备料就比较多。

在整个计划周期的4～5天中，视觉公司在等待供应商将相关资料反馈回来的时间需要3～4天。因此，这个环节的重中之重是速度问题。

"一个项目的成功实施不仅体现在其运行效果，更重要地体现在项目实施过程中，用户对待困难的态度以及解决问题的方法。"李良同意资深顾问的话。

二、"极速"供应链

"看来，我们应该建立一条极速供应链来替换现有的供应链。"李良对庞冰说。

"这也许是一个彻底的解决办法。"但庞冰的肯定里带有一些疑问。他分析了项目实施过程中视觉公司可能遇到的问题：

第一，需求分析做得是否彻底。当时极速供应链的项目已经启动，并有了初步模型，系统的使用者常常会在评估需求模型时，发现一个重要的功能模块——采购量计算模块不够完善。一旦出现这种情况，就会延误整个极速供应链建设的工期。

第二，系统衔接的难题。在上极速供应链管理系统之前，视觉公司已经成功地应用了4个信息系统。供应链管理系统的威力只有与原有的系统衔接起来才能得到充分体现，而物料编号的差异、运作方式的差异必然使这成为一个难题。

第三，供应商的培训问题。极速供应链管理系统是沟通视觉公司和其供应商的纽带。因此，还要得到供应商的认可。

第四，企业上层的态度。许多企业的高层在实施一个项目之初，表现出极大的支持热情，但当项目正式上线时，他们就退避三舍。项目实施不仅需要上层财力的支持，在必要的时候还需要上层的强制力。

“这四个问题应该不难解决，毕竟我们已经有一条运作中的供应链了。”李良对建设新的极速供应链还是比较乐观。

三、传统与极速的不同

“许多企业确实有供应链管理的需求，但他们的IT基础设施非常薄弱，很多员工不具备在系统下协同的基本素质。视觉公司在这方面具有很好的优势，他们已经成功运行ERP，排程管理、生产管理等系统，特别是在上极速供应链管理系统之前。已经有一年的企业级ERP应用经验，这为极速供应链管理系统的应用奠定了扎实的基础。”庞冰说，“有一条传统的供应链是我们的一个良好基础，不过一些具体问题并不像想象中的那么简单。”

在传统的以产品为导向的“推式”供应链管理下，链上的企业之间的关系是交易关系，供应链的采购、制造、市场营销、配送等功能活动是割裂的，他们各自独立的目标和计划经常冲突，供应链伙伴之间会为了各自的利益而牺牲他人利益。高库存是这种冲突下的外在显著反应。

而极速供应链是基于上下游间的合作伙伴关系，借助于互联网技术以实现供应链的集成，构建同心圆式的供应链，透过供应链上下游彼此间的信息透明，加快供应链的反应速度，供应链整体的交易成本最小化，收益最大化，同时增加供应链各方的利益。

由于传统供应链与极速供应链有不同点，因此，在实施供应链管理时会遇到以下问题：

一是产销的不协调。从生产预测到生产排程，再到工单生产和采购，流程执行起来会很困难，因为存在生产计划和销售之间的差异等，企业的采购、生产和销售等部门存在着产销不协调的问题。

二是无价值的活动多。生产企业最理想的情况就是当企业有需求的时候，就直接去仓库领料进行生产活动，物料供应商将原材料生产完后放到生产商仓库中以待领用，这就是VMI（供应商管理库存）。很多企业目前都在开始做VMI，从纸张订单到电子订单，再从电子订单变成电子出货看板。

三是“长鞭效应”，牵涉到整个产业链。就像客户手中拿着一根鞭子，购买心理不停地在改变，而各个环节也跟着不停地摆动，鞭子越长鞭梢摆动的幅度就越大。

现在，李良认识到构建一条极速供应链不是简单地替换传统的供应链，而会出现各种各样的问题。但是，这并不能改变李良构建极速供应链的决心，而这种决心来自市场。

思考讨论

1. 视觉公司传统供应链存在哪些问题？根源是什么？
2. 极速供应链构建可能遇到什么问题，如何解决？

（参考《中国物流与采购》，2007（5））

提示

1. 传统供应链与现代供应链的联系与区别。供应链信息技术的重要作用。
2. 视觉公司存在的主要问题与原因分析。
3. 解决时间问题的敏捷供应链特点。

案例3：DL食品公司的供应链

DL公司是南方某省的一家食品生产商，是一家民营企业，成立至今已有5年多的时间。

公司的主要产品是饼干类的食品，口味独特，比较适合南方地区消费者，所以产品在南方诸省有一定的知名度，80%以上的销量产生在这里。公司前三年销量一直是快速增长，但这两年陆续有几家食品生产商生产和他们类似的产品，竞争比以前激烈了。公司的对策是开发出新的更多的产品品类，并逐步增加北方市场的销量。

公司产品的生产过程一般是这样的，每月由公司在各地的办事处报告下月销售计划，由生产部的计划员汇总后，排出下月的生产计划交生产部执行。采购部按生产计划制定采购计划，向供应商下订单。储运部负责管理原材料和工厂的成品仓库，并且负责把产品送到各地办事处租赁的当地仓库中，各地办事处负责当地的销售。

但是公司现在形势却有些不妙，2005年末公司在年终财务结算后发现，尽管公司的销量比2004年增长了10%，但公司的利润却下降了3%。此外在年末的全面盘点时发现许多办事处的仓库内存在大批量的过期和将要过期的产品。

生产部的计划员经常接到办事处的电话或传真，反映某个品种仓库断货，要求紧急生产。可是生产线的几个主管向生产部的经理抱怨，说现在的生产计划变化太快，以前一个品牌的生产优势持续2～3个班，因为品种比以前增加很多，现在又是一个班次内要变换生产3个品种。生产线变换品种时，设备要更换模具，切换一次就要一个小时左右。常常是一个品种的生产刚稳定就要换另一个品种，现在客户对质量问题的投诉也多了。

公司的主打产品有一种原料，是一种农产品，只能在当地的几个县采购，因为当地特殊的土质适合生产这种农产品，其他地方不能生长。但这个农产品受天气的影响产量很不稳定。2006 年有近一个月的时间因为这种原料的缺货，使这个主打产品断货，给公司造成不小的损失。

公司有十几辆 5 吨和 8 吨的封箱车专门用于向各地办事处的仓库运输产品，一般是每周各地办事处向公司要货，他们直接把要货的品种数量报给储运部，由储运部安排车辆送货。但也时常发过来传真要求储运部紧急发货。如果这时车辆都派出去了，储运部的经理就联系外租车来送货。储运部的经理压力还不只这些，公司的财务副总经常说车辆的费用太高了，可是储运部经理也有委屈：车辆一动就要油费，车辆出现故障必须马上维修，有时还要紧急外租用车，不然送货就被耽误了，更别说其他的路桥费、养路费了。

思考讨论

1. DL 食品公司销售增长利润率下降的原因有哪些？表现在哪几方面？
2. 试给出一个可行的解决方案。

提示

1. 供应链管理及其信息管理系统。供应链采购与生产技术、方法。
2. DL 公司目前供应链管理中存在的主要问题与问题原因分析。
3. 从供应链整体考虑的改进建议。

案例 4：三鹿“栽了”

中新社石家庄（2008 年）9 月 14 日电，河北省政府召开新闻发布会，通报三鹿婴幼儿配方奶粉重大安全事故调查进展情况。事发后，警方经过深入调查相继排除流通销售、产品储存、生产加工环节添加三聚氰胺的可能性，将目标锁定在原奶及其原材料采购环节。

据介绍，三鹿原奶来源主要有四种途径：一是牧场模式，这种模式是集中饲养百头以上奶牛，集中饲养、统一送奶；二是奶牛养殖小区的模式，由小区业主提供场地，奶农在小区内各自养自己的奶牛，由小区统一采奶运送；三是挤奶厅模式，奶农各自散养奶牛，统一到挤奶厅采奶；第四种就是以上三种模式的交叉。

史贵中说：“经过对其中 78 名有关人员进行依法传唤，其中 19 人因为涉嫌生产销售有毒有害食品罪，被依法刑事拘留，其中 18 人是牧场、奶牛养殖小区、挤奶厅的经营人员，还有一人是非法出售添加剂的经营人员。据他们供认，向原奶中添加三聚氰胺的目的就是提高奶中的蛋白质监测指标，非法牟利。”

央视网 23 日消息（朝闻天下）：经国家处理三鹿牌婴幼儿奶粉事件领导小组事故调查组调查：三鹿集团公司主要负责人涉嫌犯罪，石家庄市委、市政府主要负责同志对三鹿牌婴幼儿奶粉事件未及时上报，处置不力。

经调查，2007 年 12 月以来，石家庄三鹿集团公司陆续接到消费者关于婴幼儿食用三鹿牌奶粉出现疾患的投诉。经企业检验，2008 年 6 月份已发现奶粉中非蛋白氮含量异常，后确定其产品中含有三聚氰胺，有关问题仍在深入调查中。8 月 2 日，三鹿集团公司向石家庄市政府作了报告。在 2007 年 12 月至 2008 年 8 月 2 日的 8 个月中，三鹿集团公司未向石家庄市政府和有关部门报告，也未采取积极补救措施，导致事态进一步扩大。

思考讨论

1. 从现代物流角度剖析造成三鹿重大食品安全事故的原因和危害有哪些？
2. 请提出预防此类事故再次发生的建议。

（参考《河北日报》，2008. 9. 15）

提示

1. 企业本身的内部管理分析。
2. 供应链管理中的采购管理、供应商管理、客户关系管理、物流技术等环节。
3. 行政管理问题。
4. 主要危害与对策建议。

附　录

国务院关于印发《物流业调整和振兴规划》的通知

（国发［2009］8号）

各省、自治区、直辖市人民政府，国务院各部委、各直属机构：

现将《物流业调整和振兴规划》（以下简称《规划》）印发给你们，请结合本地区、本部门实际，认真贯彻执行。

当前，国际金融危机对我国实体经济造成了较大冲击，物流业作为重要的服务产业，也受到较为严重的影响。制定实施物流业调整和振兴规划，不仅是促进物流业自身平稳较快发展和产业调整升级的需要，也是服务和支撑其他产业的调整与发展、扩大消费和吸收就业的需要，对于促进产业结构调整、转变经济发展方式和增强国民经济竞争力具有重要意义。

各地区、各部门要把思想和行动统一到党中央、国务院的决策部署上来，以邓小平理论和“三个代表”重要思想为指导，深入贯彻落实科学发展观，进一步增强大局意识、责任意识，加强领导，密切配合，切实按照《规划》要求，做好统筹协调、改革体制、完善政策、企业重组、优化布局、工程建设等各项工作，确保《规划》目标的实现，促进物流业健康发展。

各地区要按照《规划》确定的目标、任务和政策措施，结合当地实际抓紧制定具体工作方案，切实抓好组织实施，确保取得实效。国务院各有关部门要根据《规划》明确的任务分工和工作要求，做到责任到位、措施到位，加强调查研究，尽快制定和完善各项配套政策措施，切实加强对《规划》实施的指导和支持。

国务院

二〇〇九年三月十日

物流业调整和振兴规划

物流业是融合运输业、仓储业、货代业和信息业等的复合型服务产业，是国民经济的重要组成部分，涉及领域广，吸纳就业人数多，促进生产、拉动消费作用大，在促进产业结构调整、转变经济发展方式和增强国民经济竞争力等方面发挥着重要作用。

为应对国际金融危机的影响，落实党中央、国务院保增长、扩内需、调结构的总体要求，促进物流业平稳较快发展，培育新的经济增长点，特制定本规划，作为物流产业综合性应对措施的行动方案。规划期为2009—2011年。

一、发展现状与面临的形势

（一）发展现状

进入新世纪以来，我国物流业总体规模快速增长，服务水平显著提高，发展的环境和条件不断改善，为进一步加快发展奠定了坚实基础。

1. 物流业规模快速增长

2008年，全国社会物流总额达89.9万亿元，比2000年增长4.2倍，年均增长23%；物流业实现增加值2.0万亿元，比2000年增长1.9倍，年均增长14%。2008年，物流业增加值占全部服务业增加值的比重为16.5%，占GDP的比重为6.6%。

2. 物流业发展水平显著提高

一些制造企业、商贸企业开始采用现代物流管理理念、方法和技术，实施流程再造和服务外包；传统运输、仓储、货代企业实行功能整合和服务延伸，加快向现代物流企业转型；一批新型的物流企业迅速成长，形成了多种所有制、多种服务模式、多层次的物流企业群体。全社会物流总费用与GDP的比率，由2000年的19.4%下降到2008年的18.3%，物流费用成本呈下降趋势，促进了经济运行质量的提高。

3. 物流基础设施条件逐步完善

交通设施规模迅速扩大，为物流业发展提供了良好的设施条件。截至2008年年底，全国铁路营业里程8.0万千米，高速公路通车里程6.03万千米，港口泊位3.64万个，其中沿海万吨级以上泊位1167个，拥有民用机场160个。物流园区建设开始起步，仓储、配送设施现代化水平不断提高，一批区域性物流中心正在形成。物流技术设备加快更新换代，物流信息化建设有了突破性进展。

4. 物流业发展环境明显好转

国家“十一五”规划纲要明确提出“大力发展现代物流业”，中央和地方政府相继建立了推进现代物流业发展的综合协调机制，出台了支持现代物流业发展的规划和政策。物流统计核算和标准化工作，以及人才培养和技术创新等行业基础性工作取得明显成效。

但是，我国物流业的总体水平仍然偏低，还存在一些突出问题。一是全社会物流运行效率偏低，社会物流总费用与 GDP 的比率高出发达国家 1 倍左右；二是社会化物流需求不足和专业化物流供给能力不足的问题同时存在，“大而全”“小而全”的企业物流运作模式还相当普遍；三是物流基础设施能力不足，尚未建立布局合理、衔接顺畅、能力充分、高效便捷的综合交通运输体系，物流园区、物流技术装备等能力有待加强；四是地方封锁和行业垄断对资源整合和一体化运作形成障碍，物流市场还不够规范；五是物流技术、人才培养和物流标准还不能完全满足需要，物流服务的组织化和集约化程度不高。

2008 年下半年以来，随着国际金融危机对我国实体经济的影响逐步加深，物流业作为重要的服务产业也受到了严重冲击。物流市场需求急剧萎缩，运输和仓储等收费价格及利润大幅度下跌，一大批中小物流企业经营出现困难，提供运输、仓储等单一服务的传统物流企业受到严重冲击。整体来看，国际金融危机不但造成物流产业自身发展的剧烈波动，而且对其他产业的物流服务供给也产生了不利影响。

（二）面临的形势

应该看到，实施物流业的调整和振兴、实现传统物流业向现代物流业的转变，不仅是物流业自身结构调整和产业升级的需要，也是整个国民经济发展的必然要求。

1. 调整和振兴物流业是应对国际金融危机的迫切需要

一是要解决当前物流企业面临的困难，需要加快企业重组步伐，做强做大，提高产业集中度和抗风险能力，保持产业的平稳发展；二是物流业自身需要转变发展模式，向以信息技术和供应链管理为核心的现代物流业发展，通过提供低成本、高效率、多样化、专业化的物流服务，适应复杂多变的市场环境，提高自身竞争力；三是物流业对其他产业的调整具有服务和支撑作用，发展第三方物流可以促进制造业和商贸业优化内部分工、专注核心业务、降低物流费用，提高这些产业的竞争力，增强其应对国际金融危机的能力。

2. 调整和振兴物流业是适应经济全球化趋势的客观要求

一是随着经济全球化的发展和我国融入世界经济的步伐加快，全球采购、全球生产和全球销售的发展模式要求加快发展现代物流业，优化资源配置，提高市场响应速度和产品供给时效，降低企业物流成本，增强国民经济的竞争力。二是为了适应国际产业分工的变化，要求加快发展现代物流业，完善物流服务体系，改善投资环境，抓住国际产业向我国转移的机遇，吸引国际投资，促进我国制造业和高技术产业的发展。三是随着全球服务贸易的迅猛发展，要求加快发展现代物流业，培育国内现代物流服务企业，提高物流服务能力，应对日益激烈的全球物流企业的竞争。

3. 调整和振兴物流业是国民经济持续快速发展的必要保证

根据全面建设小康社会的新要求，我国经济规模将进一步扩大，居民消费水平将进一步提高，货物运输量、社会商品零售额、对外贸易额等将大幅度增长，农产品、工业品、能源、原材料和进出口商品的流通规模将显著增加，对全社会物流服务能力和物流效率提出了更高的要求。同时，中西部地区要求改善物流条件，缩小与东部地区的物流成本差距，承接东部沿海地区产业梯度转移，促进区域间协调和可持续发展。

4. 调整和振兴物流业是贯彻落实科学发展观和构建社会主义和谐社会的重要举措

调整和振兴物流业，有利于加快商品流通和资金周转，降低社会物流成本，优化资源配置，提高国民经济的运行质量；有利于提高服务业比重，优化产业结构，促进经济发展方式的转变；有利于增加城乡就业岗位，扩大社会就业；有利于提高运输效率，降低能源消耗和废气排放，缓解交通拥堵，实现经济和社会的协调发展；有利于促进国内外、城乡和地区间商品流通，满足人民群众对多样化、高质量的物流服务需求，扩大居民消费；有利于国家救灾应急、处理突发性事件，保障经济稳定和社会安全。

二、指导思想、原则和目标

（一）指导思想

以邓小平理论和“三个代表”重要思想为指导，深入贯彻落实科学发展观，按照保增长、扩内需、调结构的总体部署，以应对国际金融危机对我国经济的影响为切入点，以改革开放为动力，以先进技术为支撑，以物流一体化和信息化为主线，积极营造有利于物流业发展的政策环境，加快发展现代物流业，建立现代物流服务体系，以物流服务促进其他产业发展，为全面建设小康社会提供坚实的物流体系保障。

（二）基本原则

1. 立足应对危机，着眼长远发展

既要应对国际金融危机，解决当前物流业发展面临的突出问题，保先进生产力，保重点骨干企业，促进企业平稳发展；又要从产业长远发展的角度出发，解决制约物流产业振兴的体制、政策和设施瓶颈，促进产业升级，提高产业竞争力。

2. 市场配置资源，政府营造环境

充分发挥市场配置资源的作用，调动企业的积极性，从满足物流需求的实际出发，注重投资的经济效益。政府要为物流业的发展营造良好的政策环境，扶持重要的物流基础设施项目建设。

3. 加强规划指导，注重协调联动

统筹国内与国际、全国与区域、城市与农村物流协调发展，做好地区之间、行业之间和部门之间物流基础设施建设与发展的协调和衔接，走市场化、专业化、社会化的发展道路，合理布局重大项目。各地区要从本地区经济发展的实际出发，因地制宜，统筹规划，科学引导物流业的发展，防止盲目攀比和重复建设。

4. 打破分割封锁，整合现有资源

改革现行物流业相关行业管理体制，打破部门间和地区间的分割和封锁，创造公平的竞争环境，促进物流服务的社会化和资源利用的市场化，优先整合和利用现有物流资源，提高物流设施的利用率。

5. 建立技术标准，推进一体化运作

按照现代物流理念，加快技术标准体系建设，综合集成仓储、运输、货代、包装、装卸、搬运、流通加工、配送、信息处理等多种功能，推进物流一体化运作，提高物流效率。

6. 创新服务方式，坚持科学发展

以满足生产者和消费者不断增长的物流需求为出发点，不断创新物流服务方式，提升服务水平。积极推进物流服务的信息化、现代化、合理化和企业社会责任建设，坚持最严格的节约用地制度，注重节约能源，保护环境，减少废气污染和交通拥堵，保证交通安全，实现经济和社会可持续协调发展。

（三）规划目标

力争在2009年改善物流企业经营困难的状况，保持产业的稳定发展。到2011年，培育一批具有国际竞争力的大型综合物流企业集团，初步建立起布局合理、技术先进、节能环保、便捷高效、安全有序并具有一定国际竞争力的现代物流服务体系，物流服务能力进一步增强；物流的社会化、专业化水平明显提高，第三方物流的比重有所增加，物流业规模进一步扩大，物流业增加值年均递增10%以上；物流整体运行效率显著提高，全社会物流总费用与GDP的比率比目前的水平有所下降。

三、主要任务

（一）积极扩大物流市场需求

进一步推广现代物流管理，努力扩大物流市场需求。运用供应链管理与现代物流理念、技术与方法，实施采购、生产、销售和物品回收物流的一体化运作。鼓励生产企业改造物流流程，提高对市场的响应速度，降低库存，加速周转。合理布局城乡商业设施，完善流通网络，积极发展连锁经营、物流配送和电子商务等现代流通方式，促进流通企业的现代化。在农村广泛应用现代物流管理技术，发展农产品从产地到销地的直销和配送，以及农资和农村日用消费品的统一配送。

（二）大力推进物流服务的社会化和专业化

鼓励生产和商贸企业按照分工协作的原则，剥离或外包物流功能，整合物流资源，促进企业内部物流社会化。推动物流企业与生产、商贸企业互动发展，促进供应链各环节有机结合。鼓励现有运输、仓储、货代、联运、快递企业的功能整合和服务延伸，加快向现代物流企业转型。积极发展多式联运、集装箱、特种货物、厢式货车运输以及重点物资的散装运输等现代运输方式，加强各种运输方式运输企业的相互协调，建立高效、安全、低成本的运输系统。加强运输与物流服务的融合，为物流一体化运作与管理提供条件。鼓励邮政企业深化改革，做大做强快递物流业务。大力发展第三方物流，提高企业的竞争力。

（三）加快物流企业兼并重组

鼓励中小物流企业加强信息沟通，创新物流服务模式，加强资源整合，满足多样性的物流需要。加大国家对物流企业兼并重组的政策支持力度，缓解当前物流企业面临的困难，鼓励物流企业通过参股、控股、兼并、联合、合资、合作等多种形式进行资产重组，培育一批服务水平高、国际竞争力强的大型现代物流企业。

（四）推动重点领域物流发展

加强石油、煤炭、重要矿产品及相关产品物流设施建设，建立石油、煤炭、重要矿产品物流体系。加快发展粮食、棉花现代物流，推广散粮运输和棉花大包运输。加强农产品质量标准体系建设，发展农产品冷链物流。完善农资和农村日用消费品连锁经营网络，建立农村物流体系。发展城市统一配送，提高食品、食盐、烟草和出版物等的物流配送效率。实行医药集中采购和统一配送，推动医药物流发展。加强对化学危险品物流的跟踪与监控，规范化学危险品物流的安全管理。推动汽车和零配件物流发展，建立科学合理的汽车综合物流服务体系。鼓励企业加快发展产品与包装物回收物流和废弃物物流，促进资源节约与循环利用。鼓励和支持物流业节能减排，发展绿色物流。发挥邮政现有的网络优势，大力发展邮政物流，加快建立快递物流体系，方便生产生活。加强应急物流体系建设，提高应对战争、灾害、重大疫情等突发性事件的能力。

（五）加快国际物流和保税物流发展

加强主要港口、国际海运陆运集装箱中转站、多功能国际货运站、国际机场等物流节点的多式联运物流设施建设，加快发展铁海联运，提高国际货物的中转能力，加快发展适应国际中转、国际采购、国际配送、国际转口贸易业务要求的国际物流，逐步建成一批适应国际贸易发展需要的大型国际物流港，并不断增强其配套功能。在有效监管的前提下，各有关部门要简化审批手续，优化口岸通关作业流程，实行申办手续电子化和“一站式”服务，提高通关效率。充分发挥口岸联络协调机制的作用，加快“电子口岸”建设，积极推进大通关信息资源整合。统筹规划、合理布局，积极推进海关特殊监管区域整合发展和保税监管场所建设，建立既适应跨国公司全球化运作又适应加工制造业多元化发展需求的新型保税物流监管体系。积极促进口岸物流向内地物流节点城市顺畅延伸，促进内地现代物流业的发展。

（六）优化物流业发展的区域布局

根据市场需求、产业布局、商品流向、资源环境、交通条件、区域规划等因素，重点发展九大物流区域，建设十大物流通道和一批物流节点城市，优化物流业的区域布局。

九大物流区域分布为：以北京、天津为中心的华北物流区域，以沈阳、大连为中心的东北物流区域，以青岛为中心的山东半岛物流区域，以上海、南京、宁波为中心的长江三角洲物流区域，以厦门为中心的东南沿海物流区域，以广州、深圳为中心的珠江三角洲物流区域，以武汉、郑州为中心的中部物流区域，以西安、兰州、乌鲁木齐为中心的西北物流区域，以重庆、成都、南宁为中心的西南物流区域。十大物流通道为：东北地区与关内地区物流通道，东部地区南北物流通道，中部地区南北物流通道，东部沿海与西北地区物流通道，东部沿海与西南地区物流通道，西北与西南地区物流通道，西南地区出海物流通道，长江与运河物流通道，煤炭物流通道，进出口物流通道。

要打破行政区划的界限，按照经济区划和物流业发展的客观规律，促进物流区域发展。积极推进和加深不同地区之间物流领域的合作，引导物流资源的跨区域整合，逐步形成区域一体化的物流服务格局。长江三角洲、珠江三角洲物流区域和华北、山东半岛、东北、东南沿海物流区域，要加强技术自主创新，加快发展制造业物流、国际物流和商贸物流，培育一批具有国际竞争力的现代物流企业，在全国率先做强。中部物流区域要充分发挥中部地区承东启西、贯通南北的区位优势，加快培育第三方物流企业，提升物流产业发展水平，形成与东部物流区域的有机衔接。西北、西南物流区域要加快改革步伐，进一步推广现代物流管理理念和技术，按照本区域承接产业转移和发挥资源优势的需要，加快物流基础设施建设，改善区域物流环境，缩小与东中部地区的差距。

物流节点城市分为全国性物流节点城市、区域性物流节点城市和地区性物流节点城市。全国性和区域性物流节点城市由国家确定，地区性物流节点城市由地方确定。全国性物流节点城市包括：北京、天津、沈阳、大连、青岛、济南、上海、南京、宁波、杭州、厦门、广州、深圳、郑州、武汉、重庆、成都、南宁、西安、兰州、乌鲁木齐共21个城市。区域性物流节点城市包括：哈尔滨、长春、包头、呼和浩特、石家庄、唐山、太原、合肥、福州、南昌、长沙、昆明、贵阳、海口、西宁、银川、拉萨共17个城市。物流节点城市要根据本地的产业特点、发展水平、设施状况、市场需求、功能定位等，完善城市物流设施，加强物流园区规划布局，有针对性地建设货运服务型、生产服务型、商业服务型、国际贸易服务型和综合服务型的物流园区，优化城市交通、生态环境，促进产业集聚，努力提高城市的物流服务水平，带动周边所辐射区域物流业的发展，形成全国性、区域性和地区性物流中心和三级物流节点城市网络，促进大中小城市物流业的协调发展。

（七）加强物流基础设施建设的衔接与协调

按照全国货物的主要流向及物流发展的需要，依据《综合交通网中长期发展规划》、《中长期铁路网规划》《国家高速公路网规划》《全国沿海港口布局规划》《全国内河航道与港口布局规划》及《全国民用机场布局规划》，加强交通运输设施建设，完善综合运输网络布局，促进各种运输方式的衔接和配套，提高资源使用效率和物流运行效率。发展多式联运，加强集疏运体系建设，使铁路、港口码头、机场及公路实现“无缝对接”，着力提高物流设施的系统性、兼容性。充分发挥市场机制的作用，整合现有运输、仓储等物流基础设施，加快盘活存量资产，通过资源的整合、功能的拓展和服务的提升，满足物流组织与管理服务的需要。加强新建铁路、港口、公路和机场转运设施的统一规划和建设，合理布局物流园区，完善中转联运设施，防止产生新的分割和不衔接。加强仓储设施建设，在大中城市周边和制造业基地附近合理规划、改造和建设一批现代化的配送中心。

（八）提高物流信息化水平

积极推进企业物流管理信息化，促进信息技术的广泛应用。尽快制订物流信息技术标准和信息资源标准，建立物流信息采集、处理和服务的交换共享机制。加快行业物流公共信息平台建设，建立全国性公路运输信息网络和航空货运公共信息系统，以及其他运输与服务方式的信息网络。推动区域物流信息平台建设，鼓励城市间物流平台的信息共享。加快构建商务、金融、税务、海关、邮政、检验检疫、交通运输、铁路运输、航空运输和工商管理等政府部门的物流管理与服务公共信息平台，扶持一批物流信息服务企业成长。

（九）完善物流标准化体系

根据物流标准编制规划，加快制订、修订物流通用基础类、物流技术类、物流信息类、物流管理类、物流服务类等标准，完善物流标准化体系。密切关注国际发展趋势，加强重大基础标准研究。要对标准制订实施改革，加强物流标准工作的协调配合，充分发挥企业在制订物流标准中的主体作用。加快物流管理、技术和服务标准的推广，鼓励企业和有关方面采用标准化的物流计量、货物分类、物品标识、物流装备设施、工具器具、信息系统和作业流程等，提高物流的标准化程度。

（十）加强物流新技术的开发和应用

大力推广集装技术和单元化装载技术，推行托盘化单元装载运输方式，大力发展大吨位厢式货车和甩挂运输组织方式，推广网络化运输。完善并推广物品编码体系，广泛应用条码、智能标签、无线射频识别（RFID）等自动识别、标识技术以及电子数据交换（EDI）技术，发展可视化技术、货物跟踪技术和货物快速分拣技术，加大对RFID和移动物流信息服务技术、标准的研发和应用的投入。积极开发和利用全球定位系统（GNSS）、地理信息系统（GIS）、道路交通信息通信系统（VICS）、不停车自动交费系统（ETC）、智能交通系统（ITS）等运输领域新技术，加强物流信息系统安全体系研究。加强物流技术装备的研发与生产，鼓励企业采用仓储运输、装卸搬运、分拣包装、条码印刷等专用物流技术装备。

四、重点工程

（一）多式联运、转运设施工程

依托已有的港口、铁路和公路货站、机场等交通运输设施，选择重点地区和综合交通枢纽，建设一批集装箱多式联运中转设施和连接两种以上运输方式的转运设施，提高铁路集装箱运输能力，重点解决港口与铁路、铁路与公路、民用航空与地面交通等枢纽不衔接以及各种交通枢纽相互分离带来的货物在运输过程中多次搬倒、拆装等问题，促进物流基础设施协调配套运行，实现多种运输方式“无缝衔接”，提高运输效率。

（二）物流园区工程

在重要物流节点城市、制造业基地和综合交通枢纽，土地利用总体规划、城市总体规划确定的城镇建设用地范围内，按照符合城市发展规划、城乡规划的要求，充分利用已有的运输场站、仓储基地等基础设施，统筹规划建设一批以布局集中、用地节约、产业集聚、功能集成、经营集约为特征的物流园区，完善专业化物流组织服务，实现长途运输与短途运输的合理衔接，优化城市配送，提高物流运作的规模效益，节约土地占用，缓解城市交通压力。物流园区建设要严格按规划进行，充分发挥铁路运输优势，综合利用已有、规划和在建的物流基础设施，完善配套设施，防止盲目投资和重复建设。

（三）城市配送工程

鼓励企业应用现代物流管理技术，适应电子商务和连锁经营发展的需要，在大中城市发展面向流通企业和消费者的社会化共同配送，促进流通的现代化，扩大居民消费。加快建设城市物流配送项目，鼓励专业运输企业开展城市配送，提高城市配送的专业化水平，解决城市快递、配送车辆进城通行、停靠和装卸作业问题，完善城市物流配送网络。

（四）大宗商品和农村物流工程

加快煤炭物流通道建设，以山西、内蒙古、陕西煤炭外运为重点，形成若干个煤电路港一体化工程，完善煤炭物流系统。加强油气码头和运输管网建设，提高油气物流能力。加强重要矿产品港口物流设施建设，改善大型装备物流设施条件。加快粮食现代物流设施建设，建设跨省粮食物流通道和重要物流节点。加大投资力度，加快建设“北粮南运”和“西煤东运”工程。加强城乡统筹，推进农村物流工程。进一步加强农副产品批发市场建设，完善鲜活农产品储藏、加工、运输和配送等冷链物流设施，提高鲜活农产品冷藏运输比例，支持发展农资和农村消费品物流配送中心。

（五）制造业与物流业联动发展工程

加强对制造业物流分离外包的指导和促进，支持制造企业改造现有业务流程，促进物流业务分离外包，提高核心竞争力。培育一批适应现代制造业物流需求的第三方物流企业，提升物流业为制造业服务的能力和水平。制定鼓励制造业与物流业联动发展的相关政策，组织实施一批制造业与物流业联动发展的示范工程和重点项目，促进现代制造业与物流业有机融合、联动发展。

（六）物流标准和技术推广工程

加快对现有仓储、转运设施和运输工具的标准化改造，鼓励企业采用标准化的物流设施和设备，实现物流设施、设备的标准化。推广实施托盘系列国家标准，鼓励企业采用标准化托盘，支持专业化企业在全国建设托盘共用系统，开展托盘的租赁回收业务，实现托盘标准化、社会化运作。鼓励企业采用集装单元、射频识别、货物跟踪、自动分拣、立体仓库、配送中心信息系统、冷链等物流新技术，提高物流运作管理水平。实施物流标准化服务示范工程，选择大型物流企业、物流园区开展物流标准化试点工作并逐步推广。

（七）物流公共信息平台工程

加快建设有利于信息资源共享的行业和区域物流公共信息平台项目，重点建设电子口岸、综合运输信息平台、物流资源交易平台和大宗商品交易平台。鼓励企业开展信息发布和信息系统外包等服务业务，建设面向中小企业的物流信息服务平台。

（八）物流科技攻关工程

加强物流新技术的自主研发，重点支持货物跟踪定位、智能交通、物流管理软件、移动物流信息服务等关键技术攻关，提高物流技术的自主创新能力。适应物流业与互联网融合发展的趋势，启动物联网的前瞻性研究工作。加快先进物流设备的研制，提高物流装备的现代化水平。

（九）应急物流工程

建立应急生产、流通、运输和物流企业信息系统，以便在突发事件发生时能够紧急调用。建立多层次的政府应急物资储备体系，保证应急调控的需要。加强应急物流设施设备建设，提高应急反应能力。选择和培育一批具有应急能力的物流企业，建立应急物流体系。

五、政策措施

（一）加强组织和协调

现代物流业是新型服务业，涉及面广。要加强对现代物流业发展的组织和协调，在相关部门各司其职、各负其责的基础上，发挥由发展改革委牵头、有关部门参加的全国现代物流工作部际联席会议的作用，研究协调现代物流业发展的有关重大问题和政策。各省、自治区、直辖市政府也要建立相应的协调机制，加强对地方现代物流业发展有关问题的研究和协调。

（二）改革物流管理体制

继续深化铁路、公路、水运、民航、邮政、货代等领域的体制改革，按照精简、统一、高效的原则和决策、执行、监督相协调的要求，建立政企分开、决策科学、权责对等、分工合理、执行顺畅、监督有力的物流综合管理体系，完善政府的公共服务职能，进一步规范运输、货代等行业的管理，促进物流服务的规范化、市场化和国际化。改革仓储企业经营体制，推进仓储设施和业务的社会化。

打破行业垄断，消除地区封锁，依法制止和查处滥用行政权力阻碍或限制跨地区、跨行业物流服务的行为，逐步建立统一开放、竞争有序的全国物流服务市场，促进物流资源的规范、公平、有序和高效流动。加强监管，规范物流市场秩序，强化物流环节质量安全管理。进一步完善对物流企业的交通安全监管机制，督促企业定期对车辆技术状况、驾驶人资质进行检查，从源头上消除安全隐患，落实企业的安全生产主体责任。

（三）完善物流政策法规体系

在贯彻落实好现有推动现代物流业发展有关政策的基础上，进一步研究制定促进现代物流业发展的有关政策。加大政策支持力度，抓紧解决影响当前物流业发展的土地、税收、收费、融资和交通管理等方面的问题。引导和鼓励物流企业加强管理创新，完善公司治理结构，实施兼并重组，尽快做强做大。针对当前产业发展中出现的新情况和新问题，研究制定系统的物流产业政策。清理有关物流的行政法规，加强对物流领域的立法研究，完善物流的法律法规体系，促进物流业健康发展。

（四）制订落实专项规划

有关部门要制订专项规划，积极引导和推动重点领域和区域物流业的发展。发展改革委会同有关部门制订煤炭、粮食、农产品冷链、物流园区、应急物流等专项规划，商务部会同供销总社等有关部门制订商贸物流专项规划，国家标准委会同有关部门制订物流标准专项规划。物流业发展的重点地区，各级地方政府也要制订本地区物流业规划，指导本地区物流业的发展。

（五）多渠道增加对物流业的投入

物流业的发展，主要依靠企业自身的投入。要加快发展民营物流企业，扩大对外开放步伐，多渠道增加对物流业的投入。对列入国家和地方规划的物流基础设施建设项目，鼓励其通过银行贷款、股票上市、发行债券、增资扩股、企业兼并、中外合资等途径筹集建设资金。银行业金融机构要积极给予信贷支持。对涉及全国性、区域性重大物流基础设施项目，中央和地方政府可根据项目情况和财力状况适当安排中央和地方预算内建设投资，以投资补助、资本金注入或贷款贴息等方式给予支持，由企业进行市场化运作。

（六）完善物流统计指标体系

进一步完善物流业统计调查制度和信息管理制度，建立科学的物流业统计调查方法和指标体系。加强物流统计基础工作，开展物流统计理论和方法研究。认真贯彻实施社会物流统计核算与报表制度。积极推动地方物流统计工作，充分发挥行业组织的作用和力量，促进物流业统计信息交流，建立健全共享机制，提高统计数据的准确性和及时性。

（七）继续推进物流业对外开放和国际合作

充分利用世界贸易组织、自由贸易区和区域经济合作机制等平台，与有关国家和地区相互进一步开放与物流相关的分销、运输、仓储、货代等领域，特别是加强与日韩、东盟和中亚国家的双边和区域物流合作，开展物流方面的政策协调和技术合作，推动物流业“引进来”和“走出去”。加强国内物流企业同国际先进物流企业的合资、合作与交流，引进和吸收国外促进现代物流发展的先进经验和管理方法，提高物流业的全球化与区域化程度。加强国际物流“软环境”建设，包括鼓励运用国际惯例、推动与国际贸易规则及货代物流规则接轨、统一单证、加强风险控制和风险转移体系建设等。建立产业安全保障机制，完善物流业外资并购安全审查制度。

（八）加快物流人才培养

要采取多种形式，加快物流人才的培养。加强物流人才需求预测和调查，制订科学的培养目标和规划，发展多层次教育体系和在职人员培训体系。利用社会资源，鼓励企业与大学、科研机构合作，编写精品教材，提高实际操作能力，强化职业技能教育，开展物流领域的职业资质培训与认证工作。加强与国外物流教育与培训机构的联合与合作。

（九）发挥行业社团组织的作用

物流业社团组织应履行行业服务、自律、协调的职能，发挥在物流规划制订、政策建议、规范市场行为、统计与信息、技术合作、人才培训、咨询服务等方面的中介作用，成为政府与企业联系的桥梁和纽带。

六、规划实施

国务院各有关部门要按照《规划》的工作分工，加强沟通协商，密切配合，尽快制定和完善各项配套政策措施，明确政策措施的实施范围和进度，并加强指导和监督，确保实现物流业调整和振兴目标。有关部门要适时开展《规划》的后评价工作，及时提出评价意见。

各地区要按照《规划》确定的目标、任务和政策措施，结合当地实际抓紧制订具体工作方案，细化落实，确保取得实效。各省、自治区、直辖市要将具体工作方案和实施过程中出现的新情况、新问题及时报送发展改革委和交通运输、商务等有关部门。